LECT'
FÁCIL

MW01037870

LO QUE DIOS UNIÓ

Verdades esenciales
para un buen
matrimonio

JAIRO NAMNÚN

LECTURA
FÁCIL

LO QUE DIOS UNIÓ

Verdades esenciales
para un buen
matrimonio

B&H
ESPAÑOL
NASHVILLE, TN

JAIRO NAMNÚN

Lo que Dios unió: Verdades esenciales para un buen matrimonio

Copyright © 2022 por Jairo Namnún
Todos los derechos reservados.
Derechos internacionales registrados.

B&H Publishing Group
Nashville, TN 37234

Diseño de portada e ilustración: Matt Lehman

Director editorial: Giancarlo Montemayor
Editor de proyectos: Joel Rosario
Coordinadora de proyectos: Cristina O'Shee

Clasificación Decimal Dewey: 306.81
Clasifíquese: MATRIMONIO / RELACIONES DOMÉSTICAS

ISBN: 978-1-0877-5150-4

Impreso en EE. UU.
1 2 3 4 5 * 25 24 23 22

ÍNDICE

Prefacio a la serie

Leer no tiene que ser difícil, ni mucho menos aburrido. El libro que tienes en tus manos pertenece a una serie de *Lectura fácil*, la cual tiene el propósito de presentar títulos cortos, sencillos, pero con aplicación profunda al corazón. La serie *Lectura fácil* te introduce temas a los que todo ser humano se enfrenta en la vida: gozo, pérdidas, fe, ansiedad, dolor, oración y muchos más.

Este libro lo puedes leer en unas cuantas horas, entre descansos en tu trabajo, mientras el bebé toma su siesta vespertina o en la sala de espera. Este libro te abre las puertas al mundo infinito de la literatura, y mayor aún, a temas de los cuáles Dios ha escrito ya en Su infinita sabiduría. Los autores de estos libros te apuntarán hacia la fuente de toda sabiduría: la Palabra de Dios.

Mi oración es que este pequeño libro haga un gran cambio en tu vida y que puedas regalarlo a otros que van por tu misma senda.

Gracia y paz,

Giancarlo Montemayor
Director editorial, Broadman & Holman

Introducción

Los seres vivos nacen, crecen, se reproducen y mueren. Así nos enseñaron en biología, y así lo vemos en la vida. Nosotros, los seres humanos, estamos en las mismas. Ni tú ni yo elegimos cuándo nacer. En efecto, tomamos algunas decisiones sobre nuestra alimentación y estilo de vida, pero tenemos muy poco o nada que ver con la forma de nuestra muerte. Bien enseñó el Señor Jesús que no podemos alargar nuestras horas en este mundo, por más que nos afanemos (Mateo 6:27).

Ahora, ¿qué de las otras dos partes? ¿Lo de crecer y reproducirse? ¡Ahí sí tenemos muchísimo que ver! En la medida que vivimos en esta tierra nosotros colaboramos o impedimos nuestro crecimiento. Y tanto la Biblia como la sociedad dejan en claro que la reproducción es una parte muy importante de todo adulto, aunque tengan enfoques muy diferentes.

Escribo este libro pensando que estas dos partes de la vida, crecer y reproducirnos, están ligadas. El matrimonio está diseñado para ser la relación humana más importante en la vida de todo cónyuge. Un matrimonio puede ser la potencia necesaria para la travesía de un largo caminar, o la piedrita en el zapato que no nos permita avanzar. Todos queremos ser y hacer lo mejor en esta vida, no hemos venido a entorpecer, pero no siempre sucede como queremos.

Este libro está escrito con tres grupos de personas en mente de manera principal. Primero, para aquellos que se están preparando para casarse, que están en un proceso de consejería o preparación prematrimonial. ¡Enhorabuena! Hazle caso a tus consejeros. Es mi deseo que estas páginas puedan servirte. Segundo, también estoy pensando en aquellos que sienten que la vida al lado de su pareja siempre les da bríos; que tienen varios años ya casados y las cosas están bien (gracias a Dios), pero que quieren atender su relación y mejorarla, cuidarla. Y en tercer lugar, pienso en aquellos que están sintiendo las piedras al caminar: que el matrimonio no es como debiera ser, y lo están sufriendo. Como el Señor está cerca de los quebrantados, es mi oración que Él se haga presente en su vida en este tiempo.

Que Dios nos ayude a crecer juntos.

CAPÍTULO 1

Nadie quiere
estar solo

*Entonces el SEÑOR Dios dijo: «No es bueno que el hombre
esté solo; le haré una ayuda adecuada».*

Génesis 2:18

¿Alguna vez has estado con alguien que se queja de todo?
¿De esas personas que parecen que de pequeños se cria-
ron en el palacio de Buckingham o de Nabucodonosor?
Creo que todos nos hemos encontrado con alguien así.
Que no importa cuánto le des, cuántas atenciones tengas
o cuánto cariño muestres, nada parece suficiente. (¡Oro
porque no estés pensando que así es tu pareja!).

El contentamiento, la gratitud, el sentirnos satis-
fechos con lo que tenemos es una piedra preciosa. El
corazón humano está constantemente buscando algo
más, anhelando más, queriendo más: hacia arriba, hacia
los lados, hacia adentro. Carro, casa, caricias, cualquier
cosa que nos haga sentir más llenos. Y sí: algunas personas parecen desearlo demasiado, por lo que nada parece
satisfacerlos. Pero todos tenemos un deseo interior de
algo más. Anhelamos algo que no tenemos.

Tengo la costumbre de irme cada cierto tiempo a las montañas de mi país, República Dominicana, cuando necesito tiempo extendido para pensar y escribir. Ya sea que unos amigos me presten su casa o que consigamos alguna en alquiler, cada cierto tiempo nos vamos como familia a pasar unos días en un clima agradable, con buenas vistas y una buena armonía entre la naturaleza y la humanidad. Para mí, no hay mejor lugar para pensar y escribir que las montañas de Jarabacoa.

Es mi paraíso.

Pero para mi esposa, no lo es tanto. Ella no es de montañas, aunque le gusta la vista y el clima. Como buena dominicana, su disfrute es la playa. Y como vivimos en Santo Domingo, estamos siempre a no más de una hora de una buena playa, a corta distancia de algunas de las mejores playas del mundo en Punta Cana o Samaná. Yo sé que si quiero agradar al corazón de mi esposa, no necesito mucho más que armar algún viaje rápido a la playa y veré sus ojos brillar de emoción.

Es su paraíso.

Nótese que estoy usando la palabra paraíso con *p* minúscula, esto porque desde que llegamos a las montañas no podemos dejar el repelente en contra de los mosquitos, y de vez en cuando aparece algún insecto nada agradable. En las montañas de Jarabacoa perdemos muchas de las comodidades de la ciudad cuando estamos allá. Lo mismo sucede cuando estamos en la playa Macao en Punta Cana, tenemos que enfrentarnos a la realidad de la arena cuasiomnipresente, a la preocupación de las olas y los niños, la atención constante sobre las pertenencias, el regreso en el auto y la sed... ya sabes. No importa lo hermoso que sea el lugar que visitemos, nada se siente igual que nuestro hogar. Después de varios días en montaña o playa, uno siempre quiere regresar a su hogar, ¿o no?

Hubo un hombre que no tenía que definir con su esposa cuál paraíso visitar ni las inclemencias del cansancio de regreso al hogar. Ese hombre fue Adán, quien sí vivía en el Paraíso, así, con doble mayúscula. Este primer hombre creado por la mano de Dios fue colocado en un lugar especial, en un huerto (un jardín) de una tierra especial, el Edén. Adán fue puesto en Edén después de que Dios estuviera creando la tierra durante seis días, poniendo cada cosa en orden y para ese momento. Animales y plantas, el sol y las estrellas y el mar, la tierra y la luna, cada cosa fue puesta en su lugar cada uno de los días de la Creación. Fue un trabajo de Dios tan perfecto y con propósito, que en la Biblia leemos este estribillo al final de cada día: «Y Dios vio que era bueno».

El Dios eterno, el estándar perfecto, aquel que puso el norte en su lugar y que conoce cada detalle de los agujeros negros, «plantó un huerto hacia el oriente, en Edén, y puso allí al hombre que había formado» (Génesis 2:8). ¿Puedes imaginarte eso? ¡Qué Paraíso! Si Dios formó cada detalle de este hombre (Génesis 2:7; comp. Salmo 139), puedes estar seguro de que este no era un lugar cualquiera de los paraísos que hoy tenemos en varios países, disfrutable para todo aquel que los visite. No, ¡este Paraíso fue hecho perfecto para Adán! Su hogar a la medida.

Su paraíso.

Problemas en el paraíso

¿Conoces gente que nunca está satisfecha? En el relato de la Creación, si bien para Dios todo era bueno cada día, Él consideraba que algo no era del todo bueno.

Antes de que Adán pudiera hacer algo malo, Dios consideró que no era bueno que el hombre estuviese solo (Génesis 2:18). ¿Te habías percatado de eso? Antes de que la serpiente hiciera su aparición y engañara a Eva, antes de que Eva mordiera la manzana (o el aguacate, o la mandarina o lo que hubiera sido aquel fruto), había algo en la creación que al parecer no estaba bien.

Adán, para donde volteara, podía ver a cada especia animal con su igual, pero no encontraría un igual para él. Y siendo Dios quien es no lo dejaría solo, por lo que el pensamiento de Dios fue: «No es bueno que el hombre esté solo; le haré una ayuda adecuada». Él no dejaría Su creación *buena en gran manera* con algo que no estuviera bien.

Debo señalar que Dios no necesitaba compañía. El Dios Creador siempre ha existido en una comunidad que se ha denominado Trinidad, donde el Padre, el Hijo y el Espíritu Santo han disfrutado de Su compañía desde antes de la fundación del mundo. Es de la plenitud del amor de Dios que Él decidió compartir Su gozo y Su gracia con la Creación, no porque Él se sintiera solo, sino para que nosotros, Sus criaturas, pudiéramos sentirnos acompañados por Él.

Adán era el único ser vivo en toda la tierra que no tenía a nadie como él, y esa sería una soledad insoportable. El Padre siempre ha tenido al Hijo, y el Hijo siempre ha tenido al Espíritu Santo. Adán podía tener leones y ballenas y ardillas y flamencos, pero no tenía un igual. Él no podría vivir así, Dios no lo diseñó para que viviera así. Por tanto, Dios mismo proveyó la ayuda adecuada para que Adán no estuviera solo. Y entonces, fue Eva.

QUERER Y SER QUERIDO

Esta es una realidad evidente para ti y para mí: nadie quiere estar solo. Desde pequeños queremos querer.

Lo veo con mis hijos, desde pequeños nos persiguen a mí, y principalmente a mi esposa Paty, donde quiera que vamos con tal de estar cerca de nosotros. He visto a lo largo de años en repetidas sesiones de consejería a buenas muchachas en relaciones que no les convienen porque buscan compartir amor con un igual y sentirse amadas. Es más, yo mismo, aquí en mi oficina, ahora mismo donde estoy escribiendo, tengo una silla pequeña al lado de la mía para esos momentos donde mi esposa se sienta a leer al lado mío mientras trabajo.

En Génesis 1:26-27 se nos enseña un concepto de vital importancia para entender el matrimonio, y que sirve de igual manera para entender quiénes somos. Dios no solo nos creó, sino que además fuimos creados a *Su* imagen, solo nosotros, los seres humanos tenemos este privilegio, ¡de nadie más en ninguno de los 1189 capítulos de la Biblia se dice que haya sido creado a imagen de Dios! Tú y yo somos portadores de la imagen de Dios, como lo es el vecino, tu suegra, tu jefe y tus compañeros de la universidad o del trabajo. Dios nos creó como reflejos, como íconos, como ilustraciones (mucho más pequeñas, mucho menos asombrosas, pero no menos reales) de Dios para representarlo en esta tierra. Y debido a que Dios siempre ha existido en la comunidad de la Trinidad, entonces Adán no estaría plenamente satisfecho en el Paraíso así de solo. Adán necesitaba compañía. Él no necesitaba algo más, ya lo tenía todo. Adán necesitaba a *alguien* más.

Y esa es también nuestra realidad hoy. ¿Te confieso algo? No es algo que mi esposa no sepa ya, pero: no me gusta la playa. Es la verdad. Entre la arena y el calor, y que nunca encuentro un lugar cómodo para leer, si de mí dependiera, probablemente nunca volvería a una playa en toda mi vida. Sin embargo, ¿adivina qué? Me encanta ver sonreír a mi esposa, verla disfrutar, ser feliz entre sol, arena y mar. Eso es una bendición de Dios para mí, y ese gozo se multiplica cuando estamos con nuestros hijos, familiares o amigos. Esa experiencia acompañado de los míos, de iguales, hace que yo en verdad disfrute momentos en la playa —y hace que se me olvide de que en realidad no me gusta—. Porque lo que nos hace a los seres humanos verdaderamente felices, lo que nos da plenitud, lo que hace que valga la pena cada día, no es un nuevo televisor o un nuevo automóvil. Son las relaciones con otras personas, aquellos a los que queremos y que nos quieren. Son las personas quienes hacen pequeños paraísos de cualquier lugar.

Lo que Dios nos quiere dar

Luego de servir con jóvenes por más de quince años, siempre hay algo dentro de mí que se asusta cuando veo un par de adolescentes deseando iniciar una relación sentimental, porque ciertamente hay muchos peligros.[1] Sin duda, ese deseo es normal, porque querer compañía se conforma al diseño original con el que fuimos creados. En el próximo capítulo vamos a ver que desafortunadamente ya no vivimos bajo ese diseño original: todos estamos lejos del Edén. Aun así, la imagen de Dios sigue en nosotros, y en nuestra esencia creada está el querer compañía. Así hoy, como ayer, como lo será mañana: *no es bueno que el hombre esté solo.*

Lo que voy a decir ahora puede sonar extraño, pero es lo que encontramos en la Biblia. ¿Cuándo dijo Dios que no era bueno que el hombre estuviera solo? ¿Notaste que fue *antes* de la caída de Eva y Adán, antes de la manifestación del pecado? Esa afirmación de Dios fue expresada antes de que hubiera alguna separación entre Dios y el hombre. Qué quiero decir: el Paraíso donde

---

1. En mi libro *Jóvenes por su causa* tengo un capítulo sobre el noviazgo cristiano, por si tienes mayor interés sobre el tema.

vivía Adán era insuficiente sin Eva. Aun en la ausencia de pecado, y teniendo la presencia misma de Dios, Adán necesitaba junto a él una Eva, otro ser humano

Déjame explicar esto para que no pienses que estoy diciendo que Dios no es suficiente para nosotros. Jesús nos enseñó que no nos sirve de nada ganar el mundo entero y perder nuestra alma (Mateo 16:26). Por tanto, no hay nada de mayor valor ni más preciado que nuestro Dios. Pero Él mismo fue quien dijo que en Su creación perfecta, y antes del pecado, había algo que no estaba bien. Adán necesitaba algo que no era Dios. Si es como la Biblia dice, que fuimos creados a imagen de Dios, entonces necesitábamos eso que Dios ya tenía: intimidad con alguien más. Y, por supuesto, solo Dios podía proveerlo, y lo hizo.

Quiero que sepas que esto sigue siendo verdad para ti hoy. El mismo Dios que preparó el sol y la luna para Adán, es el mismo Señor que orquestó a quien hoy es tu esposo o tu esposa. Él no te quería en soledad, y no iba a quedarse de brazos cruzados esperando a ver si tú, por ti mismo, encontrabas una pareja apropiada. Tu pareja, tu matrimonio, a Dios le importó desde la Creación, porque esa intimidad con otro igual es parte de la esencia de Su imagen. Tu matrimonio puede estar iniciando, o ser una lucha constante, o ser una pareja ejemplar, sea la situación que sea la relación es un reflejo de la imagen de Dios. Es por esto que a Dios le importa, no es indiferente a la relación más importante de tu vida. Tal vez tu hogar hoy no sea un Edén, o lo consideres un paraíso en el que deseas estar todos los días, como sea, ambos son una pareja creada y sustentada por Dios y Él quiere darles un matrimonio de compañía y de intimidad, no de vergüenza y hostilidad.

Qué bonito se lee. Y lo es. Y existe. Pero no podemos ignorar el otro lado de la moneda del matrimonio. Esas otras relaciones donde las personas dicen tener una buena relación con Dios, pero están enemistados con

su pareja. ¿Qué dice la Biblia respecto de eso? Dice que
quienes aman a Dios, pero aborrecen a sus hermanos
(a sus iguales humanos) son mentirosos (1 Juan 4:20).
¡Ouch! ¡Tengamos cuidado y pongamos atención!: la
relación matrimonial es un termómetro preciso del
estado espiritual de las personas que lo integran.

Dios entre nosotros

Empezamos este capítulo pensando en esas personas
insatisfechas, que siempre quieren algo más. Esto, con
frecuencia, es una señal de un corazón endurecido y
orgulloso, cuyo egoísmo lo ha llenado de falta de contentamiento. Además, es una muestra de que él o ella
no ha entendido que la vida no se trata de qué sino de
quiénes, de personas y no de cosas.

Dios lo tiene todo, Él no necesita nada ni siquiera
de nosotros. Pero con la Creación, y creando al hombre
conforme a Su imagen y semejanza, salió de Él (no de
nosotros) el querer tener relación con nosotros, Su Creación. Nuestra simple existencia humana es ya motivo
de agradecimiento al Señor. Los primeros capítulos
de Génesis comienzan con Dios creando todo lo que
existe; luego continúan con la preparación del terreno
para la habitación del hombre, para que tuviera todo lo
que pudiera necesitar y anhelar. Adán mismo se vuelve
un poeta en gratitud por todo lo que Dios había creado
(Génesis 2:23).

¿Por qué? ¿Por qué Dios crea y da y entrega y otorga
y regala? ¿Qué ganó Él? Siendo sinceros y honestos, Dios
realmente no ganó nada. Porque Él no necesita nada.
¿Adoración? Es Él quien nos da el aliento para adorarlo.
¿Alabanza? Él obtiene eso de ángeles más asombrosos
que nosotros. No hay nada que nosotros podamos darle.

Dios da porque Dios ama. Dios creó el universo para
desplegar Su gloria, y que Sus criaturas puedan ver esa

gloria, ser transformados por ella, y recibir de esa plenitud que sobreabunda de Él (comp. Isaías 43:6-7).

Sí, sé que suena extraño, muy filosófico e incluso teológico, pero es la verdad. Seamos como seamos, donde estemos, seas grande o pequeño, con errores y fracasos, todos somos portadores de la imagen de Dios, y con un papel especial que jugar en el despliegue de la gloria del Dios del universo. Y parte de ese papel es con el matrimonio. Vamos a hablar más de esto en el capítulo cuatro, pero te adelanto que ¡tu matrimonio no se trata de ti! Y esas son buenas noticias, porque eso significa que aun los más grandes problemas que puedas enfrentar, tienen solución. Al Creador y dueño del universo le interesa tu matrimonio.

Sé que no vivimos en el Paraíso. Sé que hay cosas que no funcionan bien en nuestras vidas y dentro de nuestros matrimonios. Pero en medio de un estira y afloje, la verdad es que nadie quiere estar solo. Es parte de nuestra naturaleza no estarlo. Dios te diseñó para tener compañía, y Él proveyó para ti ese esposo o esa esposa que hoy tienes. Así que, en medio de todas las cosas que no están bien, puedes confiar en Él. Dios no dejaría Su creación, buena en gran manera, con algo que no estaría bien. Y como no es bueno que el hombre esté solo, Dios no va a dejar que en el matrimonio que Él diseñó algo no vaya bien. No podemos vivir sin Dios. Es en la persona de Jesús que Dios mismo vino a morar entre nosotros.

CAPÍTULO 2

El problema del dolor (que nos causamos)

«La respuesta a la pregunta, "¿Qué está mal?" es, o debe ser, "yo estoy mal"».

G.K. Chesterton

¿Alguna vez te has sentido profunda y completamente solo? No importa si eres extrovertido o introvertido, tímido o muy sociable, la gran mayoría de las personas han atravesado por un momento o un período de soledad. Lo contrastante de la soledad es que en realidad no depende de cuántas personas tengamos alrededor. Podemos sentirnos solos en medio de un restaurante o estando en un servicio de adoración repleto. La soledad tiene más que ver con el corazón que con la situación.

Generaciones pasadas se encontraron por necesidad viviendo vidas en comunidad. En mi niñez, con frecuencia teníamos «apagones», donde perdíamos electricidad en el barrio y los vecinos salían a las calles a hablar, a jugar y compartir. Hoy en día, si se va la electricidad, nuestros teléfonos tienen batería y conexión celular, así que nos ensimismamos y seguimos aparentemente «conectados» con personas que no son más que imágenes en un rectángulo, con quienes conversamos a través de burbujas verdes y azules con poco significado emocional.

No queremos estar solos, es cierto; pero somos la generación más solitaria de toda la historia. Estamos viviendo en una verdadera pandemia de soledad y ensimismamiento.

La fiebre no está en la sábana

¿Por qué podemos sentirnos solos si estamos rodeados de personas? Una primera respuesta a la que nos podríamos referir es que es un asunto de la personalidad. Que las personas que te rodean son muy diferentes a ti. Y puede que haya algo de cierto en eso. Pero resulta que el Internet ha logrado conectar a todo tipo de personas con los mismos gustos alrededor del mundo. Y, ¿has visto cuán desagradables son algunos *Threads* de Twitter, grupos de Facebook y los *subs* de Reddit? El Internet ha conectado a más personas que nunca y, sin embargo, nos sentimos más desconectados que siempre.

*

Seguro has escuchado el cuento del náufrago que estuvo habitando solo durante años en una isla desierta en el océano Pacífico, cuando un día, un bote providencialmente se encontró con su locación. La tripulación desembarcó y se encontró con el antiguo náufrago, malnutrido, pero lleno de alegría porque por fin iba a regresar a la sociedad. Antes de irse, él quiso mostrarles su pequeño reino. Así que fue y les mostró dos edificaciones que había construido con rocas y hojas de palma. Primero les mostró su casa, donde pasaba la mayor parte del tiempo. Luego les mostró su iglesia, ya que, les dijo, su fe era muy importante. En ese momento un tripulante notó que había un tercer edificio a lo lejos, y le preguntó al naufrago,

—Y aquello, ¿qué es?

—Esa es otra iglesia; pero tuve que cambiarme de iglesia porque no me gustaba la gente de ahí.

Sin duda, nadie quiere estar solo, pero de repente parece que no sabemos vivir acompañados. ¡Ni siquiera sabemos vivir solos!

¿Te percataste de cuántos capítulos hay en Génesis antes de que entrara el pecado al Edén? En Génesis 1 el ser humano no aparece en escena hasta casi el final (v. 26). El capítulo 2 parece casi un poema idílico, donde el autor se enfoca en la creación especial de Adán y Eva. Génesis 3 es el primer capítulo donde el hombre y la mujer tienen cierto protagonismo y, ¿qué crees que es lo hacen en su aparición en el relato de Génesis? ¡Fallaron! ¡Pecaron!

> *Cuando la mujer vio que el árbol era bueno para comer, y que era agradable a los ojos, y que el árbol era deseable para alcanzar sabiduría, tomó de su fruto y comió. También dio a su marido que estaba con ella, y él comió. Entonces fueron abiertos los ojos de ambos, y conocieron que estaban desnudos; y cosieron hojas de higuera y se hicieron delantales. Y oyeron al SEÑOR Dios que se paseaba en el huerto al fresco del día. Entonces el hombre y su mujer se escondieron de la presencia del SEÑOR Dios entre los árboles del huerto.*
> Génesis 3:6-8

Este es uno de los eventos más importantes y fundamentales de toda la Escritura y de toda la historia humana, por lo que quisiera llamar tu atención a tres cosas en específico que este pasaje nos enseña para nuestros matrimonios:

(1) Nadie peca solo

(2) Nuestro pecado nos separa

(3) Nuestros pecados nos separan de Dios

NADIE PECA SOLO

Cuando la mujer vio que el árbol era bueno para comer, y que era agradable a los ojos, y que el árbol era deseable para alcanzar sabiduría, tomó de su fruto y comió. También dio a su marido que estaba con ella, y él comió.

Lo primero que vemos en Génesis 3 es que, sin importar las circunstancias, el pecado siempre va a querer a alguien más que a ti. Esto lo podemos ver desde el inicio: cuando Adán y Eva pecaron ¡no lo hicieron solos!, pues la serpiente estuvo incitando a la mujer para que se rebelara contra la voluntad de Dios. De manera subrepticia y sigilosa («¿Conque Dios les ha dicho...?»), Satanás tramó un astuto plan para hacer caer a Eva, la madre de la humanidad, en una espiral descendiente en la cual tú y yo hoy continuamos.

¿Puedes creer que Satanás está interesado en tu matrimonio hoy? ¡Por supuesto que sí! La relación marital es una gloriosa imagen de la relación de Jesucristo con la Iglesia (Efesios 5:22-33), y el diablo odia eso con cada fibra de su diabólico ser. Él quiere ver a los matrimonios fallar. Él te quiere ver pecar. Y él cuenta con «fuerzas espirituales de maldad en las regiones celestes» (Efesios 6:12). Por favor, ¡no ignores esta advertencia!: no converses con aquel que quiere destruirte.

Así que, en tu pecado hay intereses espirituales muy superiores a lo que estás pensando. Pero eso no es todo. ¿Notaste cómo Satanás estaba hablando con Eva, y ella de inmediato compartió con Adán, y de ahí en adelante todo ocurre en conjunto? Este es un ejemplo práctico de aquello que se nos dijo en Génesis 2:24: «Por tanto el hombre dejará a su padre y a su madre y se unirá a su mujer, y serán una sola carne». Si ahora somos una sola carne en el matrimonio, lo que haga una parte afectará a la otra.

Lo más probable es que no sea tan evidente en tu familia y en tu matrimonio, pero puedes creer que es así: el pecado de una parte del matrimonio va a afectar a todo el matrimonio. En otras ocasiones sí será claro: el esposo invitará a la esposa a dejar de ir a la iglesia por cualquier razón; la esposa invitará al esposo a chismear sobre unos amigos, y así. Pero con mayor frecuencia se verá de maneras más subrepticias y hasta imperceptibles. Tenlo por seguro, nadie peca solo.

Nuestro pecado nos separa

Entonces fueron abiertos los ojos de ambos, y conocieron que estaban desnudos; y cosieron hojas de higuera y se hicieron delantales.

Como siempre, el pecado promete pero no cumple. Se supondría que Eva y Adán ahora tendrían una mejor vida, puesto que lo único que ellos no podían tener en la creación de Dios (ese fruto que el Señor les había prohibido), ahora era suyo. Pero al abrirse sus ojos, lo que vemos es que se levanta algo entre ellos que anteriormente no existía: *distancia*.

Esa distancia tiene forma de delantales de hojas de higuera. Hasta ese momento, «ambos estaban desnudos [...] pero no se avergonzaban» (Génesis 2:25). Tan pronto cayeron en pecado, la vergüenza hizo su entrada. La vergüenza es ese sentimiento de que algo está mal en nosotros, donde nos sentimos pequeños en presencia de algo o de alguien. Crece en el terreno del orgullo, como una mutación pecaminosa de la autopreservación. Tan pronto algo nos hace sentir avergonzados, nosotros nos separamos, ya sea físicamente, como el caso de Adán y Eva en este momento, o, lo que es más frecuente, hacemos barreras emocionales de separación.

Un poco más adelante vemos cómo el pecado continúa separando a este primer matrimonio. En su primera conversación posterior a la caída en pecado (Génesis 3:8-13), Adán de inmediato culpa a Eva (y a Dios), mientras Eva culpa a la serpiente (y a Dios). Estos son mecanismos comunes para levantar barreras de separación al sentir vergüenza: la desviación, el engaño, el negar nuestra culpabilidad. Y siempre terminan dañándonos. La Escritura no nos lo dice, pero ¿cómo crees que fue la conversación de ellos dos al irse a dormir esa noche? Imagínate qué tipo de conversación tuvieras tú con tu pareja si después de que Dios los llama a cuentas por su pecado, ¡tu primera reacción sería culparlo a él o a ella! Y para colmo, ¡también culpar a Dios!

De hecho, es muy probable que no tengas que imaginarlo, porque tal vez lo hayas hecho en algún momento, ¿cierto? Hoy en día seguimos cosiendo hojas de higuera cuando nos sentimos avergonzados. Y a muchos de nosotros se nos hace difícil admitir nuestra culpa cuando somos encontrados en alguna falta. Ese es el pecado en nosotros, pero un matrimonio fuerte es un matrimonio sin hojas de higuera.

Nuestro pecado
nos separa de Dios

Y oyeron al SEÑOR Dios que se paseaba en el huerto al fresco del día. Entonces el hombre y su mujer se escondieron de la presencia del SEÑOR Dios entre los árboles del huerto.

Mientras estaba escribiendo este libro, tuve que ingresar a mi hija menor en el hospital por cerca de una semana. Aunque por momentos su estado de ánimo estaba bien, luego de un par de viajes de emergencia, el doctor decidió ingresarla para poder colocarle un suero que pudiera mantenerla hidratada. Ella tenía una situación estomacal donde todo lo que comía le caía mal y terminaba fuera de su cuerpo. La alimentación que tanto necesitaba era justo lo que la hacía sentir peor.

Lo peor del pecado es que nos aleja de lo que más necesitamos. Cuando Adán y Eva pecaron, su primer instinto debía ser ir corriendo donde el Creador y preguntarle: *¡¿Qué hacemos ahora?!* Ellos sabían en lo profundo de su alma que nadie los conocía como Dios, ni nadie conocía el Edén mejor que Él. Ellos conocían suficiente de Dios como para saber que nadie podía darles una mejor respuesta. Si en algún momento de su existencia ellos habían necesitado a Dios, este era ese momento. Ahora, ¿cuál fue su reacción? Justamente lo contrario. Cuando Dios se acercó, ellos no solo se alejaron, sino que se escondieron.

Ese es el pecado. No solo involucra a otros. No solo nos aleja de los demás. El pecado nos convence de que tenemos que correr de Dios y alejarnos de Él. El pecado nos aleja de aquello que más necesitamos. (Eso sin pensar en la tontería que era el plan de Adán y Eva: huir de la presencia del Dios, que con Su voz hizo el sol y esconderse entre los árboles del huerto que Él mismo creó). Pero, mi querido amigo, si en algún momento has necesitado a Dios (y lo has necesitado cada momento de tu vida), lo necesitas más en el momento que has pecado. Y nadie sabe eso más que Dios. ¿O crees tú que fue una ligera coincidencia ese paseo de Dios por el huerto? ¿Que fue conveniencia que en ese justo momento Dios decidió pasearse justo donde estaban sus hijos amados?

Sí, Satanás está interesado en tu matrimonio, pero Dios está incomparablemente más interesado en que tu relación matrimonial sea hermosa y refleje Su bondad. Él quiere un matrimonio honroso para ti. Él quiere verlos felices, plenos, disfrutando la hermosura de Su santidad.

Sus reglas, Sus consejos, Sus mandatos y Sus ejemplos no son ni arbitrarios ni demasiado pesados. Por el contrario, Su ley para ti es una ley de perfecta libertad. Y así como Él salió en búsqueda de Adán y Eva, Él está dispuesto a ir en búsqueda de tu matrimonio con tal de que dejes de esconderte detrás de higueras y árboles.

La solución al dolor

Ciertamente vivimos en una generación solitaria y ensimismada, pero nuestros matrimonios no tienen que ser así. Si Adán y Eva pudieron pecar en el Paraíso, es evidente que el problema no es algo externo. Un capítulo más tarde, Caín decidió matar a Abel cuando todavía no había partidos políticos ni videojuegos violentos. El náufrago del cuento resuena con nosotros porque sabemos que nuestros problemas con los demás, al fin y al cabo, son problemas dentro de nosotros mismos.

Pero de igual manera, Jesús pudo tener una relación cercana y plena con un grupo de discípulos desadaptados y que no terminaban de entender su llamado. Booz y Rut supieron modelar un matrimonio santo a pesar de todo tipo de dificultades raciales y religiosas. Y millones de cristianos testifican hoy de sentir relaciones plenas, con amistades reales y matrimonios felices. La fiebre no está en la sábana, y la solución no está allá afuera. El corazón del problema es un problema del corazón: y la solución está en un nuevo corazón.

Verás, hasta ahora he sido intencional en no darte muchos puntos prácticos (pero los últimos tres capítulos son específicos de eso), porque lo principal que necesitamos es la mente correcta y el corazón correcto antes de empezar a hacer cosas. Como siempre lo enfatiza mi amado mentor, el Dr. Miguel Núñez: «Antes de hacer, tienes que ser». Y para hacer, lo que necesita un buen matrimonio (ya sea al inicio, al cuidarlo, o cuando necesita ser restaurado) es que seamos hombres y mujeres que no usan ropas de higuera, sino pieles de cordero.

Cuando Dios buscó a Adán y Eva, y ellos se escondieron en su pecado, Dios no se rindió. Dios no tiene problemas de orgullo, ni de vergüenza, ni un mal sentido de autopreservación. Él siguió tras ellos dos y se encargó de atravesar sus mentiras y engaños. Por supuesto, su pecado tendría consecuencias, y Génesis 3 (y la vida después de esto) nos muestra cómo luce un mundo plagado de las consecuencias del pecado. Pero en medio de las consecuencias, nosotros vemos el carácter de un Dios lleno de gracia, porque en el cierre del discurso de las consecuencias (Génesis 3:14-21), antes de expulsarlos del Edén, mira lo que dice:

> *El SEÑOR Dios hizo vestiduras de piel para Adán y su mujer, y los vistió.*

Adán y Eva sentían vergüenza por una desviación de su sentido de autopreservación. Pero ellos habían hecho algo que debió avergonzarlos: ellos habían pecado. Solo que sus vestiduras no serían suficientes para cubrirlos. ¿Qué tanta protección ofrecerían esas hojas? ¿Cuánto durarían siquiera? Pero Dios los amaba más que eso. Él decidió cubrir su vergüenza, y así como Él había dicho, que el día que el hombre comiera del árbol del bien y el mal ese día moriría (Génesis 2:16), en Su gracia y misericordia Él sacrificó un animal con tal de vestirlos a ellos con su piel. Alguien más murió y vertió su sangre para que Adán y Eva pudieran vivir, para Dios poder cubrir su vergüenza.

Y es así como nos encontramos con un versículo que todo matrimonio debe conocer. Si tú y tu pareja entienden esta verdad, tu matrimonio va a ser transformado por siempre. Mira lo que Dios le dice a la serpiente (Génesis 3:15):

Pondré enemistad
entre tú y la mujer,
y entre tu simiente y su simiente;
él te herirá en la cabeza,
y tú lo herirás en el talón.

Aquí, al principio de la historia, Dios estaba declarándole a la serpiente, y a Adán y a Eva, y a los ángeles y a toda la humanidad lo que Él haría miles de años después. Un hijo de Eva, un hijo de Adán, vendría más tarde y revertiría la maldición. Vendría alguien que también sufriría, una simiente de la mujer, que vencería a la simiente de la serpiente. Un hijo del rey, un rey con heridas, que transformaría la tierra para siempre. Él sufriría, sí, y como aquel animal también derramaría Su sangre para cubrir la vergüenza de los hombres. Pero esa no sería la historia final, porque Él terminaría la historia como vencedor al herir a Satanás y su imperio sobre la muerte con una estocada mortal en la cabeza.

Ese Jesús que por salvarnos vino puede y debe ser hoy el centro de tu matrimonio. Si lo es, entonces no hay ninguna situación que ustedes no puedan sobrepasar. No están solos. No están desconectados. No tienen por qué pecar. Si pecan, no tienen por qué separarse el uno del otro, sino que juntos pueden ir donde Él y encontrarán misericordia. Y por Su gracia pueden tener la garantía de que nada los podrá separar del amor de Dios que es en Cristo Jesús, Señor nuestro.

CAPÍTULO 3

La base del amor

No te vengarás, ni guardarás rencor a los hijos de tu pueblo,
sino que amarás a tu prójimo como a ti mismo.
Yo soy el SEÑOR.

Levítico 19:18

Tal vez también te pasó a ti. De pequeño, cuando me propuse leer la Biblia en un año, empecé muy bien. Las primeras semanas, todo iba bien fluido. Pero algo pasó ese primer año que hizo que mis buenas intenciones se quedaran en eso, en intenciones. Yo seguí leyendo esporádicamente ese año, pero ya no pude terminar la Biblia en un año. Hasta el próximo año que volví y traté y, sin darme cuenta, más o menos en el mismo lugar me ocurrió más o menos lo mismo. Me tomó varios años entrar en la práctica de poder leer la Biblia todos los años, y me tomó más tiempo todavía darme cuenta de cuál era el problema.

Era Levítico.

Luego de tener tantos personajes memorables: Adán y Eva; Abraham y Sarah; Raquel y Lea; Moisés y Aarón, Levítico nos encuentra con leyes y listas y costumbres que hoy no nos hacen mucho sentido. El pastor y teólogo Eugene Peterson comenta cómo constantemente se encontraba con cristianos desanimados que se habían comprometido a leer toda la Biblia, hasta que se encontraban con Levítico. ¿Su consejo?: «Sáltalo. Sigue con el próximo libro, Números.[1] Pero no lo saltes por completo. Lee el capítulo 19 versículo 18. Que esa sea tu lectura de Levítico por ahora». ¿Y qué dice Levítico 19:18? Una de las frases más conocidas de la Biblia: «Amarás a tu prójimo como a ti mismo».

UNA DEFINICIÓN DEL AMOR

¿Qué es el amor? Si juntas a cien personas diversas en una habitación (astronautas y actores, filósofos y fruteros, pastores y panaderos) terminarás con unas cincuenta definiciones. Desde la sensación de mariposas en el estómago hasta lo relacionado con el órgano que bombea la sangre, el amor debe estar en el tope de las palabras más difíciles de definir. Tal vez sería más fácil responder «por qué» se escribe a veces separado y otras todo junto, o por qué en la Ciudad México hacen «quesadillas *sin* queso», o por qué el planeta se llama Tierra si es más que nada agua, o definir cualquier otra cosa que algo tan abstracto como lo es el amor.

Claro, si has estado en alguna Escuela Dominical desde pequeño podrías responder: «¡Yo sé lo que es amor! ¡La Biblia lo dice! *¡Dios es amor!*». Listo, ¡problema resulto! Definamos entonces a Dios y sabremos lo que es el amor. ¿Quién empieza? ¿Quién quiere poner en palabras una definición del Dios perfecto, trascendente, existente por la eternidad en tres personas, que es Soberano sobre toda la Creación, pero a la vez a dado a cada persona libre decisión? Creo que será más fácil definir qué es el amor, ¿cierto?

Resulta interesante la frecuencia con la que la Biblia habla del amor. Y la manera como más habla del amor

---

1. Ver *As Kingfishers Catch Fire*, p. 35.

no es de manera general: habla del amor en acciones concretas. El pasaje más famoso sobre el amor es
1 Corintios 13, que si has asistido a más de tres bodas lo
has escuchado varias veces. Allí, el apóstol Pablo describe
el amor, pero no con una serie de epopeyas y epítetos
o enunciados incomprensibles. No, lo hace en palabras
simples: el amor es acción.

Es paciente y bondadoso, no arrogante y jactan-
cioso (v. 4).

Sufre y cree y espera y soporta (v. 7).

No disfruta la injusticia; por el contrario, se alegra
con la verdad (v. 6).

Lo ves, el amor es acción. Es por esto que todos los
libros del Nuevo Testamento usan el amor como un
verbo por lo menos una vez. Podemos discutir por horas
qué es el amor, pero algo debe quedar claro: cuando está
presente, el amor se ve. Yo puedo durar horas profesando
amor por algo o por alguien, pero si mis acciones no lo
muestran, entonces soy un mentiroso. El amor se mide
en acciones.

AMÁNDOME A MÍ

Sabiendo que el amor es acción, entonces no te sorpren-
derá que la primera vez que la Biblia usa «amor» como
verbo es en el pasaje de Levítico 19:18 que ya leímos:
«No te vengarás, ni guardarás rencor a los hijos de tu
pueblo, sino que amarás a tu prójimo como a ti mismo.
Yo soy el SEÑOR».

Nuestro Señor Jesús cita este mismo pasaje en su
ministerio, y lo llama «el segundo gran mandamiento»
(Mateo 22:36-40). Desde los tiempos de Jesús hasta hoy,
los hombres han buscado formas de escapar de este mandato. Una muy común es la de buscar redefinir a mi prójimo (comp. Lucas 10:29), buscando poner excusas sobre
a quién debemos amar. Esta pregunta lo que muestra

es que en vez de estar dispuesto a dar amor, queremos
retenerlo. Otra, más común hoy en día es intentar redefinir el amor tratando de justificar nuestro egoísmo y
deseos con aquello de «es que este es mi lenguaje del
amor». Aunque es muy cierto que nosotros mostramos
amor de diversas maneras (y no tengo nada en contra de
los lenguajes del amor), también es cierto que sabemos
esconder nuestra inactividad y falta de sacrificio por el
otro detrás de nuestras preferencias y comodidades.

Pero nadie quiere estar en un lugar donde no se siente
amado, con personas que no lo aman. Es por eso que
debemos tomar un momento para revisar qué lugar está
jugando el amor, las acciones del amor, en nuestra mente
y matrimonio si queremos mantenernos unidos. Usando
este segundo gran mandamiento como base, pongamos
el cimiento del amor para nuestro matrimonio con los
siguientes tres principios:

1. Amamos porque Dios es el Señor.
2. Amamos porque así Dios nos creó.
3. Amamos porque así Dios nos protege.

1. Amamos porque así lo dice el Señor
Mis hijos están transitando por la edad de los *porqués*.
Con esto me refiero a que ya pasaron la etapa de los primeros años donde cada cosa que ocurre en cada rincón
del universo necesita una explicación. (¡Gracias, Señor,
por tu misericordia! Aquellos eran días agotadores).
Sin embargo, van camino a la edad donde un porqué
es más complejo y profundo. Aún no llegan, pero van
para allá. De vez en cuando sí preguntan, y en general a
Paty y a mí nos gusta explicarles las razones de por qué
hacemos lo que hacemos (orar por la comida o ayudar a
alguien, incluso, por qué Anakin Skywalker se convirtió
en Darth Vader). Estos cuestionamientos, lo sé, se vol-
verán más agudos en la adolescencia, donde la rebeldía

interior tomará fuerza y, si nos descuidamos, terminaremos teniendo que convencer a nuestros hijos de por qué tienen que traernos un vaso con agua.

Dios no necesita convencernos de nada. Él no tiene que darnos ningún *porqué*. Cuando Él ordena que amemos a nuestro prójimo como a nosotros mismos, el pasaje enfatiza: «Yo soy el SEÑOR». Es como si un presidente enviara una carta a un subalterno: «Ejecútese la orden. Firma: el presidente». Dios envió la orden: «Jairo, ama a tu prójimo. Firma: el SEÑOR». No se hable más. No hay espacio para preguntas, dudas o comentarios. Es ir y actuar. ¿Se necesita mayor información? Pregúntele al presidente, en caso de que tenga acceso a Él.

Y, ¿sabes qué? ¡Nosotros los creyentes sí tenemos acceso a Él! Esa es la locura del evangelio de Cristo Jesús. De hecho, de eso mismo se trata el libro de Levítico. Nos muestra cuán diferente, alto, sublime, santo, es Dios; y cuán lejos estábamos nosotros de poder acercarnos a Él. Dios, siendo bueno, no iba a rebajar Su buen y justo estándar solo porque nosotros no pudiéramos cumplirlo. ¿Te imaginas algo así? ¿Que porque nadie sabe encestar bien en baloncesto, entonces mejor bajemos el aro a 1 pie de altura? ¿Que porque nadie sabe jugar fútbol bien, abramos el espacio del gol a diez metros? Dejaría de ser baloncesto, dejaría de ser fútbol, y hablaría bastante mal tanto del creador del juego, como del entrenador del equipo, y aun de los jugadores.

Dios no bajaría Su estándar de santidad, y Levítico nos muestra mucho de eso. Pero Dios, que no tiene que explicarnos nada, siempre nos sorprende. ¿Recuerdas que en Levítico está la primera vez que se usa *amor* como un verbo? Pues la palabra amor aparece una vez antes de Levítico. La vemos por primera vez en Génesis 22, en la historia de Abraham y su hijo Isaac, cuando Dios le pide a Abraham a su hijo como ofrenda, para luego detenerlo y transformar para siempre la relación entre ellos dos, apuntando con ello a la ofrenda que Él mismo daría, a Su propio Hijo, para transformar para siempre Su relación con nosotros.

Dios no habla de algo que Él no sabe. Él no ordena algo que Él no esté dispuesto a hacer primero. Y así como proveyó un cordero a Abraham en lugar de Isaac, Él proveyó al Cordero de Dios que quita el pecado del mundo en Jesús. Él también va a proveer y poner en nosotros lo que se necesita para poder amar a nuestro cónyuge. No es coincidencia que el fruto del Espíritu es «amor» (Gálatas 5:22).

Entonces, no necesitamos que Dios nos explique por qué tenemos que amar: Él es Dios, y Él nos mandó a hacerlo. Pero Él también nos modeló ese amor en Jesús. Y Jesús lo modeló durante Su vida, y luego al *entregar* Su vida. Y ahora, si somos hijos de Dios, tenemos el Espíritu Santo dando fruto de amor dentro de nosotros. Si todo eso es verdad, tú puedes amar a tu pareja. Así lo dice el Señor.

2. Amamos porque así el Señor nos creó

Al ver el segundo gran mandamiento, podemos ver este pasaje y pensar: *¡Jesús dice que hay que amarse a uno mismo! El primer paso para amar al otro es amarse a uno mismo correctamente.* Aunque hay verdad en esto, no parece ser la motivación detrás del Autor divino. Es como decir «el primer paso para aprender a caminar es tener pies». Tanto Moisés como Jesús simplemente asumen que uno se ama a uno mismo. Esa es la realidad de las personas debajo del sol: Dios nos creó con un sentido natural, real, correcto de amor propio. El pecado lo distorsiona, y terminamos valorándonos demasiado y «amándonos» demasiado. Y en vez de compartir ese amor con el prójimo, lo queremos todo para nosotros mismos. Es por eso que este segundo gran mandamiento rompe nuestro paradigma y nos dice: *¡Hey! ¿Ves todo ese amor que te tienes? Eso no es solo para ti. ¡Compártelo!*

Y no solo un poco. Así como te amas a ti mismo, ¡ama a tu prójimo!

Te voy a decir algo con lo que al principio podrías no estar de acuerdo, y espero darme a entender. Yo no creo que nadie tenga problemas de los que llaman de «baja autoestima». Sí creo que hay personas deprimidas, o con problemas de autoimagen, o con emociones muy frágiles. Yo mismo he estado ahí muchas veces. Pero hay un pasaje en la Escritura que dice algo profundamente impactante, y los años me han mostrado que la Biblia siempre tiene la razón. Respecto del matrimonio, el apóstol Pablo dice: «El que ama a su mujer, a sí mismo se ama. Porque nadie aborreció jamás su propio cuerpo, sino que lo sustenta y lo cuida» (Efesios 5:28-29).

¿Lo notaste? Nadie se odia a sí mismo. No verdaderamente. Aun el suicidio, una dolorosa acción que oramos el Señor desaparezca de la tierra, es en sí mismo un acto de «auto-amor» corrompido. La persona suicida en su dolor, frustración, confusión, egoísmo, está tan ensimismada, tan enfocada en sí misma, que prefiere salir de esta vida que lidiar con las consecuencias o dificultades que tiene por delante.

Las personas con «baja autoestima» tienen un problema no muy diferente a aquellos con «alta autoestima»: se estiman demasiado a sí mismos, tanto unos como otros. Estimar significa «valorar, pesar». Es decir, pasan demasiado tiempo pensando en sí mismos. La Biblia no tiene que pasar mucho tiempo enseñándonos cómo amarnos a nosotros mismos porque nosotros nos sabemos sustentar y cuidar. Dios nos diseñó tanto con un instinto de supervivencia como con un sentido de autoestima saludable—amor propio—que nos lleva a amarnos. Pero el pecado, y Satanás mismo, se aprovecha de este diseño y lo distorsiona. Toma nuestro amor y lo convierte en egoísmo; nuestro deseo de superación y lo convierte en idolatría. Por eso necesitamos que Dios nos ponga un despertador y nos diga: *¡Hey! Yo sé que tú te amas: ¡ve y ama a tu prójimo!*

Entonces, ¿quién es mi prójimo? Los fariseos eran expertos haciéndose esa pregunta, con tal de buscar excusas de a quién amar y servir. Pero si estás leyendo este libro, no tienes que pensar demasiado en quién es tu prójimo porque ¡lo tienes a tu lado! Y en un buen matrimonio hasta se hace un poco fácil esto de amar al prójimo, ¡porque él o ella te ama de vuelta! (gracias a Dios). Pero aun el mejor matrimonio pasa por momentos donde no es fácil esto de amar. Por eso necesitamos este fundamento de Levítico, y ese recordatorio al final de «Yo soy el SEÑOR». Esto no es una opción: es un mandato. Y es un mandato dado por alguien que lo vivió en carne propia. De manera práctica, en el capítulo 5 veremos cómo luce ese amor cuando mi cónyuge me ha fallado, y en el capítulo 6 veremos algunas consideraciones prácticas de cómo luce ese amor en el día a día.

Lo bueno es que en el matrimonio este mandamiento se pone más que interesante porque, delante del Señor, en un sentido muy real, al amar a tu cónyuge te estás amando a ti mismo. ¡Ustedes son una sola carne! Es lo que enseña el pasaje de Efesios 5 que vimos anteriormente. Hay algo muy especial, espiritual y que se experimenta cuando un cónyuge decide amar (verdaderamente amar, con acciones) a su pareja. Se empieza a sentir el sustento y el cuidado humanos, así como el favor divino. Así que, al amar a tu pareja, Dios recibe la gloria, y tú recibes el beneficio.

3. Amamos porque así el Señor nos protege

Cuando estás amando a tu pareja, empiezas a crear una dinámica de la relación que es sana y sanadora, mucho más beneficiosa que la dinámica del odio o el silencio que ocurre cuando no hay amor. Permíteme presentarte el contexto inmediato de Levítico 19:18 para que lo podamos ver juntos:

> *No odiarás a tu compatriota en tu corazón; cier-*
> *tamente podrás reprender a tu prójimo, pero no*
> *incurrirás en pecado a causa de él. No te vengarás,*
> *ni guardarás rencor a los hijos de tu pueblo, sino*
> *que amarás a tu prójimo como a ti mismo. Yo soy*
> *el SEÑOR.* Levítico 19:17-18

¿Lo notas con mayor claridad? En vez de odiar en el corazón, el hijo de Dios debe amar. Aun cuando reprenda, debe hacerlo en amor, no en venganza, nunca con rencor. Esta es una manera clave en la que el Señor cuida a Sus hijos, y de manera muy especial cuida a los matrimonios: una atmósfera de amor protege al matrimonio del odio, de la venganza, del rencor y del pecado.

Una y otra vez la Biblia enfatiza esta idea, y de seguro hay muchos versículos que ya conoces o vienen a tu mente. Tal vez pienses en cómo «La suave respuesta aparta el furor» (Proverbios 15:1); o en cómo la esposa de Nabal calmó la ira de David (1 Samuel 25:10). Proverbios también nos enseña que «El odio crea rencillas, pero el amor cubre todas las transgresiones» (Proverbios 10:12), y en 1 Pedro 3 se hace un llamado a la conducta amorosa y piadosa de las esposas que puede transformar el corazón de sus esposos. Y probablemente lo has visto en tu vida también: sabes lo difícil que es permanecer airado con alguien que te está tratando con amor.

Al amar, al actuar en amor, preparas el camino para que te amen de vuelta. Ese es el camino para protegerte del egoísmo, ya que no estás enfocándote en ti mismo sino en el otro, lo que te llevará a crecer a la imagen de Cristo. Y esto irá fortaleciendo tu corazón en contra de la amargura, pues a pesar de que comparten algunas letras, el amor y la amargura no pueden compartir terreno. Son incompatibles.

Dios diseñó relaciones de amor unos con otros, y ninguna más cercana que la relación del matrimonio para que podamos protegernos unos a otros del pecado que mora dentro y de la maldad que hay afuera. O como dice el apóstol Juan: «Amados, amémonos unos a otros, porque el amor es de Dios, y todo el que ama es nacido de Dios y conoce a Dios» (1 Juan 4:7).

¿Has experimentado lo acogedor que es estar en los brazos de alguien que te ama? ¿Puedes imaginar lo aterrador que es tener cerca a alguien que sientes que te odia? Entonces, ¿de qué estará lleno tu corazón? O, lo que es más importante, ¿cómo vas a actuar hacia tu pareja? Porque el amor es acción, entonces puedes empezar a amar a tu cónyuge como a ti mismo ¡hoy! Porque Dios así lo dijo, así lo diseñó el Señor, y así te protege el Señor.

CAPÍTULO 4

El propósito
de tu matrimonio

«Dentro de esta visión del matrimonio, esto es enamorarse. Es mirar a la otra persona y tener un vistazo de lo que Dios está creando y decir: "yo puedo ver lo que Dios está haciendo en ti, ¡y me emociona! ¡Yo quiero ser parte de eso!"».

Tim Keller

«Si no sabes adónde vas, cualquier camino te llevará allí». Esta frase de la película *Alicia en el País de las Maravillas* nos sirve tanto para Waze o Google Maps, como para nuestras vidas y nuestros matrimonios. Si quieres ir hacia la playa, entonces te hace sentido que tu camino vaya hacia el nivel del mar, que vayas sintiendo mayor brisa, y tal vez empieces a escuchar el sonido de las olas a lo lejos. Si tu destino son las montañas, pero nunca sientes que vas en subida, entonces rápidamente te darás cuenta de que algo anda mal.

Ahora, toda persona que ha sido engañada por una aplicación de mapas sabe que conocer el destino final no es suficiente. Recientemente mi esposa y yo salimos de una celebración de compromiso de unos amigos, y al estar en un área que no frecuentamos y ser tarde en la noche, le pedimos a nuestro móvil que nos apuntara el camino a casa. Nuestro amigo Google, que no conoce las calles de Santo Domingo, decidió llevarnos por un recorrido a través de una película de terror, entre montones de basura, animales salvajes, y personas con caras de pocos amigos. Si hubiera seguido sus instrucciones, ¡creo que hubiéramos llegado directamente a nuestro hogar celestial! Gracias a Dios, yo no solo conocía el destino final, conocía el camino para llegar allí, por lo que pude tomar un desvío y encontrarnos por una ruta más amigable y mucho menos sospechosa.

Si estás de camino al matrimonio, puede que sientas que el día de la boda es tu destino. Y en un sentido, es así. Pero si ya estás casado, sabes bien que la vida de casados es eso: una vida, una travesía, un caminar. Es de mucho provecho entonces saber hacia dónde vamos para poder identificar si estamos en el camino correcto, si tenemos que cambiar la ruta, y tal vez si es necesario hacer alguna parada de evaluación antes de continuar. En este capítulo haremos una pausa para poder ver el destino, el camino y el andar del matrimonio. Para esto, tendremos como base ese importante pasaje de Efesios 5:25-32:

> *Maridos, amen a sus mujeres, así como Cristo amó a la iglesia y se dio Él mismo por ella, para santificarla, habiéndola purificado por el lavamiento del agua con la palabra, a fin de presentársela a sí mismo, una iglesia en toda su gloria, sin que tenga mancha ni arruga ni cosa semejante, sino que fuera santa e inmaculada. Así deben también los maridos amar a sus mujeres, como a sus propios cuerpos. El que ama a su mujer, a sí mismo se ama. Porque nadie aborreció jamás su propio cuerpo, sino que lo sustenta y lo cuida, así como también Cristo a la iglesia; porque*

somos miembros de Su cuerpo. POR ESTO EL HOMBRE DEJARÁ A SU PADRE Y A SU MADRE, Y SE UNIRÁ A SU MUJER, Y LOS DOS SERÁN UNA SOLA CARNE. Grande es este misterio, pero hablo con referencia a Cristo y a la iglesia.

El destino del matrimonio: la gloria de Dios

La Biblia dice de diversas maneras que el propósito por el que Dios creó todas las cosas es Su propia gloria. Así es como Salmos 19:1 dice que: «Los cielos proclaman la gloria de Dios, y el firmamento anuncia la obra de Sus manos», mientras que Isaías 6:3: «Santo, Santo, Santo es el SEÑOR de los ejércitos, llena está toda la tierra de Su gloria». El cielo y la tierra proclaman y están llenos de la gloria de Dios.

Pero hay algo único con nosotros, los seres humanos. Si recuerdas en Génesis 1, cuando Dios creó al hombre y la mujer, dice que nos creó «a Su imagen». ¿Cuál es el propósito de una imagen? Pues, ser imagen de algo, ayudar a mostrar algo más, ser el símbolo de algo más. Ese es nuestro propósito como humanidad: apuntar a lo que Dios es, ser imágenes de Su gloria. El gran problema del pecado, del que hablamos en los capítulos 1 y 2, es que ha manchado esta imagen de Dios en nosotros, y ahora es más difícil ver esta gloria de Dios en el hombre. Nuestras vidas no dan gloria a Dios como deberían, ni nuestros labios glorifican a Dios con nuestras palabras.

El increíble regalo que tenemos en el evangelio es que Dios no dejó las cosas así. En Su gracia, Cristo se entregó por nosotros y dio Su vida para limpiarnos y santificarnos y que esa imagen de Dios ahora pueda ser más evidente. ¡Esas son buenas noticias! Y, ¿adivina qué? Ese es el propósito final y último de todo matrimonio:

ser una imagen de la verdad del evangelio. Esa es la base
detrás del texto de Efesios 5, que Cristo hizo Su obra
con tal de «presentarse a sí mismo una iglesia en toda
Su gloria».

Esta verdad es vital para conocer y apreciar nuestro
destino final, para poder entender que, en última ins-
tancia, nuestros matrimonios no se tratan de nosotros.
Dios nos ama profundamente hasta el punto de que nos
dio a Su único Hijo. Jesús nos amó hasta la muerte, y
muerte de cruz, y ahora los que somos Sus hijos tenemos
el derecho de ser llamados hijos de Dios. Pero, Dios se
ama todavía más a Él mismo. Y eso es bueno, porque no
hay un ser más digno, más hermoso, que merezca más
gloria que Él en toda la existencia. En Su perfección, Él
vive en Su eterna y gloriosa comunidad de la Trinidad, y
ahora nuestros matrimonios tienen el privilegio de poder
reflejar el amor que Dios tiene por Sí mismo, así como
el amor que Dios ha tenido por nosotros.

No sé si te parece un poco extraño escuchar estas
cosas. Yo sé que lo fue para mí cuando empecé a enten-
derlo en la Palabra. Pero también es bastante liberador.
Por la manera en que fuimos creados, nosotros siempre
estamos depositando nuestro peso sobre aquello que
amamos y adoramos. El entender que nuestros matrimonios tienen como propósito máximo el glorificar a Dios
nos libera para depositar todas nuestras expectativas,
nuestras cargas y deseos sobre el Único que puede sopor-
tarlas. A quien siempre podemos pedirle más, a diferencia de nuestros cónyuges, que por más que intenten bien
podrían decepcionarnos en algún momento. Solo a Dios
podemos darle más y más y más de nosotros sin que lo
afecte por quien Él es; a diferencia de nuestros cónyuges,
que por más que nos amen en ciertos casos parecieran
cansarse de nosotros. Podemos dejar respirar a nuestros
esposos: ellos no tienen que cumplir con todos nuestros
deseos ni recibir todo nuestro amor. Hay alguien más
grande que puede más y merece mejor.

El entender que la gloria de Dios es el propósito final de nuestro matrimonio nos libera de pensar que el matrimonio debe satisfacer todos nuestros deseos aquí en la tierra. Si Dios es Dios, y si se trata de Él, entonces Él va a hacer cosas que nosotros no vamos a entender, con tal de cumplir Sus propósitos, los cuales no siempre vamos a poder comprender de este lado de la eternidad. ¡Y eso es bueno! Porque si nosotros le importamos tanto a Dios, de tal modo que Él estuvo dispuesto a dar a Su Hijo con tal de hacernos parte de Su familia, lo que sea que Él haga va a ser bueno.

El camino: la santificación

Si el propósito final del matrimonio es la gloria de Dios, la manera en la que ese propósito se va cumpliendo es a través de la santificación de la pareja. Como Efesios 5 nos enseña, Cristo se dio por la Iglesia «para santificarla», para que sea «santa e inmaculada», «sin que tenga mancha ni arruga ni cosa semejante».

El término *santificación* es uno que suena más complejo y religioso de lo que realmente es. Sí, hay un sentido en el que la santificación es algo absolutamente espiritual e imposible de entender para nosotros los simples mortales. Pero este es uno de esos conceptos de la Biblia que en verdad son completamente aplicables y discernibles en la vida diaria. La *glorificación* y la *justificación*, que son primas hermanas de la santificación, son más difíciles de explicar y de apreciar. Pero tan pronto uno tiene dos o tres días de casados, debe poder discernir la santificación del cónyuge en algún área.

Santificación es ser más como Jesús. Es el proceso a través del cual Dios va formando la imagen de Su Hijo en nosotros. A través de diversos métodos, por medio de Su Espíritu y Su Palabra, obrando en nuestra obediencia y reflexión, para que nuestras arrugas vayan siendo

planchadas y nuestras manchas lavadas. Así, esas áreas
sucias (esas cosas que no agradan a Dios y no bendicen
a nuestro prójimo) irán desapareciendo.

El matrimonio es el lugar por excelencia para que el
proceso de santificación ocurra. En el Edén, Dios, en Su
perfecta sabiduría, declaró que no era bueno que el hombre estuviera solo (Génesis 2:19), por lo que la mujer le
sería la ayuda adecuada para el camino. Salomón, quien
llegó a ser el hombre más sabio de toda la tierra, también
lo expresó muy bien en Eclesiastés 4:9-12:

> *Más valen dos que uno solo,*
> *pues tienen mejor pago por su trabajo.*
> *Porque si uno de ellos cae, el otro levantará a su*
> *compañero; pero ¡ay del que cae cuando no hay*
> *otro que lo levante!*
> *Además, si dos se acuestan juntos se mantienen*
> *calientes, pero uno solo ¿cómo se calentará? Y si*
> *alguien puede prevalecer contra el que está solo,*
> *dos lo resistirán.*
> *Un cordel de tres hilos no se rompe fácilmente.*

En la vida y en la fe, Dios preparó nuestra pareja para que
sea la persona que nos acompañe y nos ayude a correr
más lejos y con más fuerza. No hay nadie más cercano
para nosotros que nuestro cónyuge para acompañarnos,
levantarnos, mantenernos calientes, ayudarnos a prevale-
cer y resistir. El matrimonio es diseño de Dios para que
no nos rompamos fácilmente ante los embates de la vida.

Déjame decir algo más: los mandatos de la Escritura
para nuestra obediencia son, en su inmensa mayoría, en
plural, y la primera persona con quien vamos a cum-
plirlos es con nuestra pareja. La santificación es algo
bastante práctico, y un camino que puedes empezar
a recorrer hoy mismo, ahora mismo, con la ayuda del
Señor. En el capítulo 6 desglosaremos estos pasajes de

manera más práctica, así como varios ejemplos de cómo lucen estos mandamientos en la vida diaria.

El caminar: el gozo

Nuestro Señor quiere ser glorificado en nuestro matrimonio en la medida que nosotros nos parecemos más a Jesús. Ahora, eso no significa de ninguna manera que no vamos a disfrutar a nuestra pareja. ¡Es todo lo contrario! Si no estamos disfrutando a nuestra pareja, entonces algo anda mal, y algo tiene que cambiar urgentemente.

Una enseñanza clara a lo largo de la Escritura es que vivir en la voluntad de Dios trae gozo, esto lo vemos en el pasaje de Efesios 5. Pablo dice: «Así deben también los maridos amar a sus mujeres, como a sus propios cuerpos. El que ama a su mujer, a sí mismo se ama. Porque nadie aborreció jamás su propio cuerpo, sino que lo sustenta y lo cuida, así como también Cristo a la iglesia».

Verás, aunque algunos de nosotros tenemos problemas con nosotros mismos, y a veces discutimos internamente sobre decisiones que tomamos —¡¿*Por qué me comí esa segunda porción de helado si estoy a dieta?!* —, tenemos que admitir que nosotros nos amamos bastante. Es por eso que nos comemos esa segunda porción que no debemos, y que nos compramos ropa que nos gusta. Por eso quitamos la mano del fuego, nos alejamos de personas que nos hacen sufrir, evitamos conversaciones dolorosas, y en general estamos buscando nuestro bienestar.

Esa debe ser también la realidad del matrimonio, aquello que Dios unió en una sola carne. Tan pronto entramos en una relación de matrimonio, no hay lugar para el «yo». La manera como transitamos hacia la gloria de Dios en el camino de la santificación matrimonial puede verse en el recorrido que nos lleva por el camino del «amor propio», definido bíblicamente como el amarse el uno al otro, dado que somos un solo cuerpo. Los planes de Dios son tan altos y superiores a los nuestros que, al tener los cónyuges en mente los intereses del otro, la relación matrimonial se convierte en una situación en extremo beneficiosa para los dos, puesto que cada uno estará empeñado en amar, sustentar y cuidar a «su cuerpo». Y cuando uno de los dos no esté haciendo bien su labor, es una oportunidad de crecer a la imagen de Jesús al practicar la obediencia y entender, además, que al final el matrimonio no puede satisfacer todos los anhelos de nuestro corazón porque ese no es el propósito de su diseño original.

Considero que mucho de lo que se ha hablado hasta el momento en este capítulo necesita puntualizarse más. Por tanto, lo que resta de este libro tiene como propósito ayudarte a ver de manera práctica cómo debe lucir todo aquello que hemos hablado. Pero antes de continuar, quiero recordar que: el matrimonio refleja un glorioso misterio, el misterio del evangelio. Es una imagen de la realidad más hermosa, la historia de amor más asombrosa del Dios santo que se acercó a criaturas como tú y como yo, pobres y pecadoras. A partir de esto, nuestras vidas pueden ser otras en cada momento, en cada oportunidad. Nosotros tenemos una segunda oportunidad cada segundo. No importa qué ha pasado hasta ahora en nuestro matrimonio, nuestros errores pasados ni nuestras victorias presentes nos definen. Si estamos en Jesús, esa es nuestra identidad: en Jesús. Así que, no veamos el matrimonio como una lista de tareas para que Dios nos bendiga, sino como como lo que es: una lista de oportunidades porque Dios nos ha bendecido.

CAPÍTULO 5

Aprendamos a perdonar

*Sea quitada de ustedes toda amargura, enojo, ira, gritos,
insultos, así como toda malicia. Sean más bien amables unos
con otros, misericordiosos, perdonándose unos a otros,
así como también Dios los perdonó en Cristo.*

Efesios 4:31-32

Me gustan las películas. Recuerdo ir al cine con mi familia desde muy pequeño. Mi esposa y yo con frecuencia vemos alguna película juntos para luego conversar respecto de la misma. Resulta curioso que muchos de los cines de antaño, aquellos grandes teatros, hoy día son templos de grandes iglesias. A través del entretenimiento como lo es el cine, millones de personas reciben y aprenden una cosmovisión que moldea su pensamiento e influye en sus decisiones.

Aunque me encanta el cine, hay un género que casi nunca veo: las películas románticas. En mi generación el cine predominante es el de fantasía y ciencia-ficción, como *El Señor de los Anillos* o *La Guerra de las Galaxias*. Pero las películas románticas tienen su audiencia propia. Recuerdo una donde el hombre deja a su novia porque conoció a otra persona, pero por otro lado le es absolutamente fiel en todo. Otra donde dos adolescentes tienen la madurez y profundidad de Salomón y Rut. Y una más, donde el joven pobre, pero con piel perfecta y cuerpo de adonis, enamora y rechaza a la niña rica que encontró su libertad cuando lo conoció. Sin duda, mucho del romanticismo que vemos en la gran pantalla es completamente fuera de la realidad.

Mi principal problema con muchas de las películas románticas es que no ayudan en nada en la realidad que se enfrenta en las relaciones. La pasión y el afecto que vemos surgir de un momento a otro solo abre la puerta para una relación fugaz. Esa es la razón por la que las películas románticas nunca tienen secuelas. Las verdaderas relaciones, los matrimonios duraderos, no se basan en las emociones y las pasiones. El amor real y duradero requiere mucho más que miradas atractivas. Un buen matrimonio requiere luchar. Eso hace imprescindible que aprendamos a perdonar.

Definamos el perdón

El tema del perdón es central al corazón de Dios, tanto así que la Escritura lo equipara con la redención que tenemos en Cristo (Colosenses 1:13-14). De hecho, el Señor Jesús dice que aquel que no está dispuesto a perdonar de corazón a su hermano está jugando con fuego eterno (Mateo 18:35; comp. 6:15). Además, el Predicador nos enseña que: «No hay hombre justo en la tierra que haga el bien y nunca peque» (Eclesiastés 7:20). Por bueno que sea nuestro cónyuge, o por buenos que pensemos que seamos nosotros, nos encontraremos en algún momento con la necesidad de perdonar y de pedir perdón. De lo contrario, viviremos amargados o apartados uno del otro en el matrimonio. Precisamente por estas razones escribí otro pequeño libro (de esta misma serie de *Lectura Fácil*) titulado *La libertad de perdonar*. En este libro abundo más sobre las cosas que brevemente veremos en este capítulo.

Para poder aprender a perdonar, y pedir perdón, debemos partir de una definición que nos permita entender lo que es el perdón: *El perdón es una decisión por parte de la persona ofendida de ofrecer gracia al ofensor arrepentido, liberándolo de su responsabilidad moral, y buscando la reconciliación.*

Veamos esta definición en detalle para poder aplicarla a la relación matrimonial.

DECIDO PERDONAR

El perdón es una decisión.

En las películas románticas de Hollywood las relaciones amorosas son tratadas como asuntos mayormente emocionales. Él protagonista se siente enamorado de alguien y no tiene otra opción más que dejarlo todo por ella. Algo similar ha hecho nuestra cultura con el tema del perdón. Tanto tú como yo lo hemos dicho alguna vez: «No me siento listo para perdonar por lo que me hizo». Y la razón es que hay muchos sentimientos asociados con el perdón (así como hay sentimientos asociados al amor). Sin embargo, el pasaje con el que iniciamos este capítulo, Efesios 4:31-32, no tiene mucho que ver con los sentimientos: «Sean más bien amables unos con otros, misericordiosos, perdonándose unos a otros, así como también Dios los perdonó en Cristo».

«Sean amables» es un mandato, ¿verdad? Igual que «sean misericordiosos». Por lo tanto, la orden no da lugar a medias tintas: ¡Perdónense! No hay vuelta de hoja: Perdónense como Dios los perdonó en Cristo. La realidad es que el perdón no es una emoción ni un sentimiento: el perdón es una *decisión* que debemos tomar.

Por lo tanto, no hay que esperar sentados a que nos llegue el momento de perdonar. Mira algunos de los mandatos que da la Palabra acerca el perdón:

¡Tengan cuidado! Si tu hermano peca, repréndelo; y si se arrepiente, perdónalo. Lucas 17:3

Y perdónanos nuestras deudas, como también nosotros hemos perdonado a nuestros deudores. Mateo 6:12

Soportándose unos a otros y perdonándose unos a otros, si alguien tiene queja contra otro. Como Cristo los perdonó, así también háganlo ustedes. Colosenses 3:13

Si esto es cierto en las relaciones humanas y mayormente entre creyentes en lo general, ¡imagina la exigencia dentro del matrimonio! Cada momento que decidimos esperar para «sentirnos listos para perdonar» estamos desobedeciendo un mandato explícito de Dios para la vida y el matrimonio, y estamos cediendo espacio a la «amargura, enojo, ira, gritos, insultos, así como toda malicia» en la relación (Efesios 4:31).

¿CÓMO PUEDES APLICAR ESTO EN TU MATRIMONIO HOY?

Si tienes algo por lo que sabes que debes perdonar, no le des largas. No esperes a «sentirte listo». Ve delante del Señor y recuerda cuánto Dios te ha perdonado, y ahora piensa si es comparable la ofensa que tu pareja te ha hecho con la que has hecho tú contra Dios. Si Dios te perdonó de tal manera en Cristo, ¿qué haces guardando rencor? Entonces, antes que se ponga el sol (Efesios 4:26), ve y ponte a cuentas con tu pareja y extiende el perdón que ya tienes en tu corazón gracias a Cristo.

UN PERDÓN ENTRE DOS

El perdón es una decisión por parte de la persona ofendida de ofrecer gracia al ofensor arrepentido.

Si has leído hasta aquí, tal vez te sorprenda que te haya pedido que vayas donde tu pareja y extiendas ese perdón que ya tienes en tu corazón gracias a Cristo. Resulta que al enseñar este tema, vez tras vez encuentro cada vez más necesario enfatizar mi convicción bíblica: llegar a la *disposición* de perdonar es la parte más importante de todo el proceso de perdón. Pero esto no es el final del recorrido, pero sí necesario en toda relación y fundamental para un matrimonio transparente y saludable.

El perdón requiere dos partes: una persona ofendida y una persona ofensora. Alguien que haya fallado y alguien dispuesto a perdonar la falta. Permíteme dejar en claro una cosa: la única persona que es siempre únicamente inocente y ofendida es Dios. Luego nosotros, aun cuando seamos los ofendidos, por lo general tenemos algo de ofensores también. Es frecuente, entonces, que en un conflicto haya una parte ofendida y una parte ofensora. Si tú te sientes como la parte ofendida, luego de que vayas delante de Dios, ores, y luego estés dispuesto a perdonar a quien te ofendió, el próximo paso es ir con tu ofensor y ponerte a cuentas con él o ella. Si ha habido una ofensa real, no es suficiente «perdonar en el corazón», puesto que el perdón no es algo terapéutico. Estas son tres razones para esto.

En primer lugar, necesitamos ir donde el otro, porque este es el modelo que tenemos del perdón de Dios. La Escritura nos manda a perdonar como Dios nos perdonó en Cristo (Efesios 4:32) o como Cristo nos perdonó (Colosenses 3:13). Este perdón es algo asombroso, maravilloso, gigantesco e inmerecido. Pero no es de un solo lado. Ni siquiera es incondicional. El perdón que Dios nos da en Cristo es un perdón que tiene como única condición el *arrepentimiento*, el reconocimiento de una falta. El que nos pongamos a cuentas con Dios en primer lugar.

Algo similar modelamos en nuestras relaciones, y específicamente en nuestros matrimonios, cuando toda

vez que tenemos el corazón listo para perdonar, vamos
con nuestro cónyuge a ponernos a cuenta. Esto es ser
como Cristo. La ofensa y quien la hizo ya fue pagado
por Jesús en la cruz, esto debe acercarnos a nuestra
pareja para decirle: «Amor, esto que pasó no estuvo
bien. ¿Podemos hablar al respecto? No me sentí respe-
tado porque...». Todo con un espíritu de humildad y
mansedumbre, orando que Dios sea quien nos ayude a
escuchar y mueva el corazón hacia el perdón y la sanidad.

*En segundo lugar, necesitamos ir donde el otro, por-
que este es el mandato que tenemos de parte de Dios.* En
Mateo 18, el Señor deja establecido cómo tratar con
aquellos que han pecado contra nosotros. Él establece
que: «Si tu hermano peca, ve y repréndelo a solas; si te
escucha, has ganado a tu hermano» (v. 15). El pecado
de nuestro hermano (y de nuestro cónyuge) no es algo
que puede solucionarse con tan solo «perdonarlo» en
el corazón. ¡Yo necesito acercarme a él! Lucas 17:3-4 es
igual de directo: «¡Tengan cuidado! Si tu hermano peca,
repréndelo; y si se arrepiente, perdónalo. Y si peca contra
ti siete veces al día, y vuelve a ti siete veces, diciendo:
"Me arrepiento", perdónalo». Nota que el enfoque es
cuidar al hermano, y cuidarme a mí mismo. No es poner
excusas, ni hacer difícil el perdonar: es asegurarnos de
que hay arrepentimiento y crecimiento.

Esto es vital en la relación de matrimonio, pero una
vez lo digo, se necesita de mucho tacto en la comunicación. Los esposos caminan juntos en el matrimonio, no
como supervisores uno del otro, sino como compañeros.
Somos hermanos los unos de los otros. Somos compañeros de vida. Así que, aun esa reprensión debe hacerse con
total mansedumbre y amor, reconociendo que nosotros
también somos propensos a caer, y recordando que nosotros también podemos haber faltado.

*En tercer lugar, necesitamos ir donde el otro, porque
esta es la maqueta para el funcionamiento humano.* No es
coincidencia que Efesios 4:32, que nos llama a perdonar

como Dios nos perdonó en Cristo, está justo después de un pasaje que nos llama a quitarnos la amargura y la malicia (v. 31), y poco antes del mandato a no dar oportunidad al diablo (v. 27). Colosenses 3:13, que nos llama a perdonarnos como Cristo nos perdonó, justo antes dice que nos vistamos de tierna compasión y bondad y humildad (v. 12), luego nos llama al amor (v. 14), y a ver entonces cómo la paz de Cristo reina (v. 15).

Cuando hablamos del perdón como algo solo interno, sin acercarnos al otro y tratar el asunto completamente, estas hermosas características se oscurecen en el matrimonio. Es como vestirse con hojas de higuera. Lo que he visto una y otra vez son parejas que dicen que han perdonado, pero no pueden discutir esos temas porque empiezan a pelearse otra vez. Sus habitaciones están llenas de elefantes, sus relaciones tienen heridas sin cicatrizar, porque el perdón verdadero, el perdón bíblico, no ha ocurrido.

¿Cómo puedes aplicar esto en tu matrimonio hoy?

Si te has sentido herido por tu cónyuge, y ya te has acercado a Dios en oración (¡si no, hazlo hoy!), y ya has reconocido cuánto Dios te ha perdonado; entonces es momento de ir y hablar con él o ella (¡quiera Dios que sea hoy!). Recuerda que vas a ofrecer gracia, no a buscar culpables. Y recuerda hacerlo también estando pronto para escuchar si hay algo en lo que tú hayas ofendido. Dado que no eres Dios, es muy posible que sea así.

LIBEREMOS A NUESTRAS PAREJAS

El perdón es una decisión por parte de la persona ofendida de ofrecer gracia al ofensor arrepentido, liberándolo de su responsabilidad moral.

Lo que hacemos al perdonar es ofrecer gracia al ofensor, diciendo que esa ofensa quedó atrás. Olvidada. No la traeremos más. Ya no existe. Ya no va a interrumpir nuestra relación. El perdón verdadero, el que debemos ofrecer a nuestros cónyuges, es uno donde podemos decir «Amor, yo te perdono, te puedes olvidar de eso. Yo no te lo voy a volver a mencionar». Debemos perdonar como Cristo lo hizo, Él llevó la culpa de nuestras faltas y cargó con nuestra maldad sobre sus hombros (Isaías 53:4-5); podemos imitar a nuestro Padre celestial y dejar atrás aquella ofensa de nuestra pareja contra nosotros. Siendo así, entonces, cuando se perdona de verdad, no debemos volver a traer esa situación a la discusión. De hecho, debemos ser intencionales en no volver a traer esas ofensas, porque si lo hacemos, estaremos poniendo en duda en la mente de nuestra pareja si es verdad que le hemos perdonado, y aun a nuestros propios corazones traeríamos sentimientos de amargura contrarios al perdón.

Dicho esto, la Biblia no enseña que el perdón desaparece las consecuencias. Con cierta frecuencia Dios permite cicatrices que sirven como marcas en el camino. De manera similar, en nuestro matrimonio ciertas ofensas pueden implicar cambios drásticos en la conducta de uno o ambos cónyuges. Tal vez el esposo hizo un muy mal trabajo en las finanzas, lo que implicaría que, luego del perdón que le otorgue su esposa, sea ella quien maneje las cuentas en el hogar. Tal vez ella haya tenido una relación sentimental inapropiada a través de las redes, y de ahí en adelante el acuerdo sea no tener redes personales sino solo familiares. El punto es liberar a la persona de la responsabilidad, dado que la culpa ya recayó sobre Cristo, si ya conoce a Jesús como salvador o es cristiana; y si todavía no es así, entonces lo más importante sería que tuviese un encuentro con el Señor para poder perdonar y sanar. Cristo no solo nos ha liberado de la responsabilidad, sino de la paga del pecado, que es la muerte eterna.

¿Cómo puedes aplicarlo en tu matrimonio hoy?

Si ya has perdonado a tu cónyuge de algo que hizo en el pasado, asegúrate de no traerlo a colación ¡nunca más! De hecho, si te has dado cuenta de que se lo has estado recordando, tal vez puedas y debas pedirle perdón por tu amargura y pecado de orgullo, por mostrar en tu comportamiento algo de superioridad. Para el futuro, asegúrate de encontrarte delante de Dios como lo que eres, un pecador que solo puede ser perdonado por Su gracia. Esa realidad debe llevarte al reconocimiento humilde de que, si Dios no te recuerda tus pecados cada vez que hablas con Él, no debes hacerlo cuando hables con tu cónyuge.

EL PROPÓSITO DEL PERDÓN

El perdón es una decisión por parte de la persona ofendida de ofrecer gracia al ofensor arrepentido, liberándolo de su responsabilidad moral, buscando la reconciliación.

¿Te imaginas que Dios perdonara a alguien con quien no se reconcilie? El propósito del perdón es que podamos ser reconciliados con Dios y unos con otros (comp. 2 Corintios 5:20). No hay perdón verdadero si las dos partes siguen dándose la espalda y no enfrentan con amor la situación. Y como estamos hablando de aquello que Dios unió, de un matrimonio, no tengo que convencerte de la prioridad de la reconciliación.

En la medida que crezcamos en nuestra capacidad de perdonar y de pedir perdón, más cercana será nuestra relación con nuestro cónyuge. Si entendemos nuestro llamado a perdonar como Dios nos perdonó en Cristo, tomará menos tiempo y energía el que podamos reconciliarnos y volver a estar juntos, como Dios nos diseñó para el matrimonio y nos manda a estar (1 Corintios 7:5). Lo ideal, entonces, es que la reconciliación ocurra lo más pronto posible.

Ahora, tal vez este es el momento para mencionar que no toda ofensa requiere un proceso de perdón, represión y reconciliación. La Escritura también nos enseña que «La discreción del hombre le hace lento para la ira, y su gloria es pasar por alto una ofensa» (Proverbios 19:11). Es posible que el otro haya pecado contra nosotros por una multitud de factores de la cotidianidad de la vida, y que esto haya causado que (a) no seamos *verdaderamente* ofendidos y (b) *entendamos* que es algo que Dios debe tratar, y no nosotros. En ese sentido, debemos ser cuidadosos de no funcionar como abogados con la ley o la constitución bajo el brazo en el matrimonio, ya que «el amor cubre multitud de pecados» (1 Pedro 4:8).

Aprendamos a pedir perdón

Nadie es perfectamente inocente en una relación. Si eres como yo, no solo debes mejorar en cómo perdonar, sino que también debes crecer en cómo pedir perdón en tu relación de matrimonio. Así que, antes de cerrar este capítulo, permíteme darte cinco principios breves de cómo mejorar la manera de pedir perdón:

1. Reconoce tu ofensa. El rey David dejó esto muy claro en el Salmo 51:4, cuando habla con Dios diciendo: «Contra Ti, contra Ti solo he pecado, y he hecho lo malo delante de Tus ojos». Antes de acercarte a tu cónyuge, quizá mientras vas de camino hacia allá, asegúrate de ponerte a cuentas con Dios primero. Al final, toda ofensa contra otro es una ofensa contra Dios quien lo creó. Si tu esposa es una hija de Dios, ¡tienes que hablar con Su Padre! Y si quieres encontrar gracia en alguien que has ofendido, no hay mejor lugar que ir donde aquel que mueve los corazones y clamar por misericordia.

2. Acércate pronto. En Mateo 5:23-24 el Señor Jesús nos dice que es mejor parar un tiempo de adoración con tal de ir a arreglar nuestra relación con alguien a quien hemos faltado. Ya hemos visto también cómo Efesios 4 nos habla de cómo el guardar el enojo más de una noche puede darle oportunidad al diablo. Si sabemos que hemos deshonrado a alguien, no tenemos que extendernos. Tan pronto estemos apercibidos del error, acerquémonos. Esto es más importante todavía si ese alguien es la persona que Dios ha orquestado para ser nuestra pareja de por vida.

3. Enfócate en ti. Hay una tendencia en nuestros corazones de enfocarnos en los demás. De decir «Yo sé que yo... ¡pero es que tú!». Sin embargo, si vamos a pedir perdón por algo, hay sabiduría en seguir las palabras del Maestro cuando dijo: «¿Por qué miras la mota que está en el ojo de tu hermano, y no te das cuenta de la viga que está en tu propio ojo? ¿O cómo puedes decir a tu hermano: "Déjame sacarte la mota del ojo", cuando la viga está en tu ojo? ¡Hipócrita! Saca primero la viga de tu ojo, y entonces verás con claridad para sacar la mota del ojo de tu hermano» (Mateo 7:3-5). Si vas a acercarte a tu esposo o tu esposa a pedirle perdón, olvídate de los *pero*, enfócate en *tu* viga (aunque pienses que es una simple mota). Deja que el Señor se encargue de la mota o la viga de ella.

4. Utiliza medios adecuados. Me encanta la manera que Proverbios 27:4 llama a la prudencia, diciendo que aun el mensaje correcto requiere formas adecuadas. Si hemos faltado, no debemos presionar al otro a perdonarnos. No debemos esperar que un mensaje de WhatsApp será suficiente para aliviar nuestra falta, o luego demandar que el otro nos libere de la culpa que sentimos. Además, si hemos pecado contra el otro, no es suficiente un «discúlpame»; más bien necesitamos reconocer cuál fue específicamente nuestra falta y pedir perdón por eso que hemos hecho. Las esposas lo van a agradecer.

5. *Mantén la reconciliación en mente.* Pidamos perdón esperando restaurar la relación, con la expectativa y la fe de que en Cristo siempre hay esperanza para nuestras relaciones. Todo matrimonio puede ser unido por Dios a un nivel de intimidad que todavía no ha experimentado, para Su gloria y nuestro bien.

CAPÍTULO 6

Viviendo con un pecador

*«La misericordia dulcifica el matrimonio. En su ausencia,
dos personas se azotan el uno al otro por cualquier cosa,
ya sea por no arreglar la llave del lavabo o por las cuentas
del teléfono. Pero cuando está presente la misericordia,
el matrimonio se hace más dulce y más delicioso,
aun frente a dificultades, retrasos, y los efectos
persistentes de nuestro pecado remanente».*

Dave Harvey

Una de las historias de amor más utilizadas (pero más
incomprendidas) de la Biblia es aquella de Jacob y
Raquel. Solo Dios sabe cuántos predicadores de jóvenes
han enseñado del amor implacable de Jacob, animando
a los jovencitos a mantenerse firmes esperando por su
Raquel prometida, trabajando cuantos años sean nece-
sarios con tal de alcanzar ese amor verdadero. Cuántas
jovencitas habrán escuchado que deben orar fielmente y
en silencio por un Jacob que esté dispuesto a darlo todo
por ellas. Pero ese no es el enfoque de esta historia. Más
bien, una lectura cuidadosa de la misma nos deja ver que
el amor de Jacob lo ha cegado, al punto que no le es suficiente haberse casado con su hermana Lea cuando debió

desistir, puesto que el diseño de Dios es de un hombre para una mujer; él siguió adelante hasta poder casarse con Raquel, ignorando a su primera esposa y metiendo a estas hermanas en una dinámica de competencia que traería dolor a esta familia durante toda su vida.

Resulta muy interesante la primera conversación luego del matrimonio de Jacob y Raquel en Génesis 30. El versículo anterior narra el nacimiento de Judá por parte de Lea, primera esposa de Jacob, la hermana rechazada. Este Judá es de quien vendría el Salvador del mundo, Jesús. Los próximos versículos nos dicen cómo va el matrimonio por el que Jacob trabajaría 14 años: «Pero viendo Raquel que ella no daba hijos a Jacob, tuvo celos de su hermana, y dijo a Jacob: "Dame hijos, o si no, me muero". Entonces se encendió la ira de Jacob contra Raquel, y dijo: "¿Estoy yo en lugar de Dios, que te ha negado el fruto de tu vientre?"» (Génesis 30:1-2). ¿Quién se puede imaginar algo así? ¿No se suponía que esta sería la más extraordinaria historia de amor? Ahora el matrimonio empieza con celos y con ira, además de amenazas. Este matrimonio había empezado con el pie izquierdo, así que tenía mucho en contra. Pero aun si ellos hubieran hecho todo como debiera ser, Jacob y Raquel eran pecadores.

Esta es una realidad sobria para todos nosotros. Tú y yo nos hemos casado con pecadores, por lo que vamos a necesitar gracia para poder vivir vidas plenas.

Lluvias de gracia

«Pues de Su plenitud todos hemos recibido, y gracia sobre gracia» dice Juan 1:16. En la Biblia, la *gracia* frecuentemente se refiere a un favor o bondad que nos es dado sin merecerlo. Cuando se nos habla de Dios extendiendo o mostrando gracia hacia los hombres, nos encontramos con la extensión de algo inexplicablemente bueno: es el regalo de salvación y bendición en vez del castigo que merecíamos (comp. Efesios 2:1-8). En Juan nos encontramos con que en la persona de Jesús nosotros no solo hemos recibido gracia, sino gracia sobre gracia, porque en Él se cumplen todas las promesas de bendición que Dios había dado desde el inicio.

La gracia y la bondad están tan atadas al carácter de nuestro Dios que, cuando Moisés pidió al Señor que mostrara Su gloria, el Señor le respondió: «Yo haré pasar toda Mi bondad delante de ti» (Éxodo 33:19). En ese mismo contexto, el Señor se revela a Moisés en Su esplendor de la siguiente manera:

> *Entonces pasó el SEÑOR por delante de él y proclamó: «El SEÑOR, el SEÑOR, Dios compasivo y clemente, lento para la ira y abundante en misericordia y verdad; que guarda misericordia a millares, el que perdona la iniquidad, la transgresión y el pecado, y que no tendrá por inocente al culpable; que castiga la iniquidad de los padres sobre los hijos y sobre los hijos de los hijos hasta la tercera y cuarta generación.* (Éxodo 34: 6-7)

Frente a tan importante pasaje, para efectos de este libro baste decir que (1) Dios ha atado Su gloria a Su bondad; (2) Su carácter es uno de compasión, clemencia y misericordia; y (3) Él es un Dios justo que juzga la maldad, por lo que podemos confiar en Él (¿o acaso quisieras a un juez injusto?).

¿Qué tiene que ver esto con el matrimonio? Resulta que en el capítulo uno hablamos de que fuimos creados a imagen de Dios. Ese es el carácter del Dios que nos creó. Lamentablemente, el pecado ha manchado esa imagen en nosotros, y estamos muy lejos de vivir de esta manera. Pero, gracias a Jesús, el Hijo de Dios, de quien recibimos gracia sobre gracia, nosotros no solo tenemos el perdón de pecados, sino también la potestad de buscar vivir de esa manera hacia aquellos que nos rodean. Es decir: nosotros también podemos hacer llover gracia, extender favor y bondad, a nuestra pareja.

Gracia cotidiana

Una de las mejores cosas de estar casado es tener con quien compartir toda la vida. Esto hace de la vida cristiana algo completamente práctico, diario y aplicable en el día a día. Teniendo la gracia en mente, veamos algunos de los mandatos de la Biblia para nosotros, y tratemos de aplicarlos a los matrimonios de nuestro tiempo.

AFECTO Y PREFERENCIAS

Sean afectuosos unos con otros con amor fraternal; con honra, dándose preferencia unos a otros. Romanos 12:10

Sin Cristo, lo que usualmente ocurre es que los más fuertes se aprovechan de los más débiles, pero nuestro Señor Jesús dijo que entre nosotros no ha de ser así, sino que el mayor debe servir al menor (Mateo 20:26). En un matrimonio sin la gracia, el esposo puede buscar ejercer su autoridad para que se haga su voluntad, y la esposa puede usar métodos de manipulación para lograr salirse con la suya. Pero la gracia nos lleva a que el esposo ofrezca su poder para servir y proteger a su esposa, dándole a ella, con honra, el primer lugar. Por su parte, la esposa sirve gustosamente a su esposo, regalando su afecto sin esperar nada a cambio.

De manera práctica: pueden mostrar lo anterior a la hora de limpiar los platos, tomar turnos los fines de semana o en las noches, considerando los horarios de trabajo. Pueden acordarlo también a la hora de utilizar el televisor, no necesariamente hay que ver lo que siempre quiera solo uno de los dos. A la hora de hacer las tareas con los niños pueden intercambiar responsabilidades o materias, y así servirse el uno al otro.

ÁNIMO Y EDIFICACIÓN

Confórtense los unos a los otros, y edifíquense el uno al otro. 1 Tesalonicenses 5:11

Sin la gracia, el instinto desviado de autopreservación nos lleva a buscar cómo aprovecharnos de los demás, sacarles ventaja y alejarnos de los débiles. Pero por la gracia del evangelio el amor nos lleva ahora a buscar cómo animarnos y edificarnos unos a otros, particularmente a nuestra pareja. Todos nosotros necesitamos ánimo en nuestra carrera y caminar de la fe y de la vida, y nadie mejor que nuestra pareja para alentarnos.

De manera práctica: es de vital importancia que los matrimonios puedan sacar tiempo para conversar acerca de lo que el Señor les está mostrando respecto de la vida y de ellos mismos. Esto puede ser por medio de un devocional juntos, un tiempo donde lean las Escrituras y oran juntos. También puede lucir como un tiempo en el vehículo sin música o con el volumen muy tenue, donde intencionalmente nos esforzamos por reflexionar juntos y meditar en el mover de Dios en medio nuestro, para la mutua edificación. También puede ser animándose a asistir juntos a la iglesia, o que si uno no quiere ir, el otro sea de ánimo (con amabilidad). Mientras desarrollan la costumbre de ser reflexivos, también deben leer juntos las Escrituras (o escucharlas juntos) y conversar lo leído.

MANSEDUMBRE Y PACIENCIA

Que vivan con toda humildad y mansedumbre, con paciencia, soportándose unos a otros en amor. Efesios 4:2

A menos que estés casado con Jesucristo, tu pareja te va a dar oportunidad de cumplir con este mandato. La humildad es una característica admirada solo después, pero siempre aplastada durante una contienda. Sin embargo, el Señor Jesús expresó que es justo la mansedumbre y la humildad la esencia de Su corazón (Mateo 11:29). Cuando en el matrimonio ambas partes actúan con orgullo y con intemperancia e irascibilidad, tenemos una receta para el desastre. Pero si la gracia hace entrada y nos capacita para la paciencia, entonces el proverbio dará fruto de vida: «La suave respuesta aparta el furor, pero la palabra hiriente hace subir la ira» (Proverbios 15:1).

De manera práctica: Para cada uno de estos aspectos necesitamos la gracia de Dios, y aquí de manera especial debemos recordar que lo que sale de la boca proviene del corazón (Mateo 15:19). Es posible que sea necesario pedir perdón por malas respuestas anteriores. Puede ser muy útil como pareja hacer un compromiso de no hablar inmediatamente cuando estamos airados, para poder caminar con humildad, mansedumbre y paciencia. Y no olvidemos la última parte del versículo: nos toca *soportarnos*. Pecadores como somos, todos necesitamos las buenas nuevas de Jesús.

CONFESIÓN Y ORACIÓN

Por tanto, confiésense sus pecados unos a otros, y oren unos por otros para que sean sanados. Santiago 5:16

Este es un buen momento para recordar que, luego de ese fundamental verso sobre el matrimonio (Génesis 2:24, «el hombre dejará a su padre y a su madre y se unirá a su mujer, y serán una sola carne»), el texto termina diciendo que, a pesar de su desnudez, el hombre y la mujer «no se avergonzaban» (v. 25). El pecado ha trastocado por completo esta relación. Ahora, nuestros pecados hacen que frecuentemente tengamos vergüenza de que los que están alrededor de nosotros sepan quiénes somos y con lo que luchamos, por lo que nos pasamos el tiempo con máscaras de higuera que ocultan nuestra vergüenza.

Este mandato de Santiago 5 nos trae sanidad. En vez de escondernos, debemos confesar nuestros pecados. En vez de negar, debemos orar. Un matrimonio saludable tiene una cantidad sana de confesión; de honestidad y transparencia. Y una cantidad abundante de oración, donde podemos ir juntos delante del trono de la gracia y presentar aquellas cosas por las que estamos agradecidos, así como por las que estamos atemorizados. Al final, Él ya las conoce.

Si estás leyendo esto con tu pareja, o la tienes cerca, puedes poner en práctica esto ahora mismo. Por lo general, he notado que somos más expertos en poner excusas de por qué no hablamos la verdad, que en hablar la verdad en amor. Si tienes algún pecado que crees que puede afectar significativamente la relación, acércate donde tu pastor o consejero y pídele que te ayude a lidiar con eso, pero no te quedes callado. Pecado confesado es pecado que pierde poder. La gracia de Dios sigue estando disponible.

AMOR HASTA EL FIN

Un mandamiento nuevo les doy: "que se amen los unos a los otros"; que como Yo los he amado, así también se amen los unos a los otros. Juan 13:34

Este mandamiento es nuevo porque es amarnos como Jesús nos ha amado. Y solo es posible por la gracia que Dios ha derramado en nuestros corazones y a nuestro favor.

El amor que debemos tener unos por otros, y el amor que debemos tener por nuestra pareja, solo puede verse de manera práctica. De hecho, todo lo que hemos visto hasta ahora son formas de amar a nuestro cónyuge y, así, mostrar nuestro amor a Dios. Pero Jesús nos ha llamado a amar como Él, es decir, a amar hasta el fin. Y aquí debemos recordar los votos que hacemos cuando nos casamos. El matrimonio es un pacto entre un hombre y una mujer delante de Dios, hecho «hasta que la muerte nos separe». Por tanto, tu compromiso es el de amar: mostrar acciones de amor, en salud y enfermedad, riquezas y escasez, mientras haya aliento en ti. Eso, como siempre me recuerda un pastor amigo, no es difícil, es imposible, si no fuera por la gracia de Dios.

Pero en Cristo, tú y yo podemos contar con la gracia de Dios. Tu matrimonio es un regalo de Dios, para Su gloria y tu deleite. Y lo que Dios unió, ¡que ningún hombre lo separe!

CAPÍTULO 7

Preguntas difíciles
sobre el matrimonio

Este libro corto, y este pastor insuficiente, no pueden responder a todas las inquietudes de un misterio tan gloriosamente complicado como lo es el matrimonio. Sé que quedan muchas cosas por abordar, y probablemente te quedan muchas preguntas sin contestar. Tal vez tienes nuevas preguntas luego de haber leído este libro. Oro que este último capítulo te sirva para responder algunos de esos interrogantes, o por lo menos guiarte hasta que encuentres en la Biblia y con un pastor o consejero adecuado la respuesta que tu relación necesita.

¿CÓMO MANEJAR
LAS FINANZAS COMO PAREJA?

«Raíz de todos los males es el amor», eso no dice el versículo, sino dice: «La raíz de todos los males es el amor al dinero» (1 Timoteo 6:10). Las finanzas tienen un poder único de corromper casi cualquier relación. La escasez puede llevarnos a dudar del corazón bondadoso de Dios; mientras la abundancia puede empujarnos a olvidarnos de nuestra necesidad de Dios. En particular, incontables matrimonios se han visto estrechados hasta el quiebre por no abrirse sus cuentas de banco. Entonces, ¿cómo podemos cuidarnos de mantenernos unidos en un tema tan sensible? Aquí algunos principios:

Primero: Debemos olvidarnos de «lo tuyo y lo mío». En el matrimonio somos una sola carne. Aunque puede que tengamos dos tarjetas de crédito, con nombres diferentes, es necesario que entendamos y nos esforcemos por vivir como lo que somos: una sola carne. Por tanto, cada cónyuge debe poder saber cuánto dinero tenemos, y por qué. Los secretos financieros siempre terminan llevando a pecados de algún tipo, separando aquello que Dios unió. Quiero ser cuidadoso con el uso de la palabra *siempre*, pero aquí es necesario usarla. Iniciamos guardando un secreto sobre una deuda o una compra, y luego estaremos mintiendo para continuar guardando ese secreto, y otros que le seguirán.

Segundo: Debemos sentarnos a hacer un presupuesto. Si todavía no lo has hecho, debes hacerlo ¡hoy! O tal vez es tarde ya... ¡pues que sea mañana! Es necesario usar una hoja de cálculo o algún programa de presupuesto y hacer una contabilidad de ingresos y gastos. Esto es un principio básico de administración y mayordomía delante del Señor. Hay diversas formas de hacerlo, y una búsqueda rápida en Internet te dará modelos y patrones. Una excelente inversión de tiempo es sentarte con el estado de cuenta de tu tarjeta y evaluar los gastos del mes anterior. Te sorprenderás de cuánto pudieras estar gastando en cosas que no anticipabas. Luego, pueden evaluar juntos cuánto genuinamente quisieran estar gastando en esas mismas áreas, y empezar a planificarse con base en esto. Además de un apartado para el ahorro, te pediría que en oración considere ahí apartar para ofrendar en tu congregación, además de donaciones para aquellos en necesidad, así como para las misiones.

Tercero: Como pareja, designen a uno de los dos como el principal encargado de las finanzas. En el día a día hay que tomar decisiones y tener chequeos y hacer pagos, y es importante que uno de los dos esté al tanto de fechas de corte, pagos, y demás detalles económicos cotidianos. Lo importante es evaluar cuál de los dos tiene mayores dones y talentos en esta área, y entonces ser humildes y flexibles para poder tomar juntos las decisiones mayores.

Cuarto: Atado al punto número uno, busquen la transparencia. Recuerden que las hojas de higuera no protegen a nadie, y no las necesitan porque ya Dios proveyó al Cordero. Si nos hemos equivocado, podemos pedir perdón, perdonar, y seguir adelante. El evangelio nos recuerda que somos peores de lo que pensamos y más amados de lo que imaginamos, así que no debemos hundirnos en la vergüenza por habernos equivocado, ni gloriarnos en nuestra sabiduría. Seamos sinceros el uno con el otro y, el uno por el otro, enfrentemos las dificultades que tengamos delante.

Quinto: Seamos dadivosos. Dios nos bendice para que seamos de bendición. El mejor uso del dinero es regalarlo. Es la mejor forma de guardarnos de esa raíz de todos los males. De la forma que sea, como Dios nos guíe, seamos intencionales como matrimonio con bendecir a aquellos que tengamos cerca, en especial a aquellos de la familia de la fe.

¿CÓMO CREZCO EN INTIMIDAD SEXUAL CON MI PAREJA?

Por la naturaleza de este libro, y por la audiencia que tenemos en mente, no voy a abundar demasiado en este tema. Sin embargo, quería cuando menos dar algunas ideas sobre algo tan importante para la unión matrimonial.

Primero: La intimidad sexual es vital para una buena relación de matrimonio. La unión en una sola carne implica más que la unión sexual, pero no menos. Hay muchas otras cosas que podemos hacer con otras relaciones y otros seres humanos, pero la relación sexual es única y exclusiva para la relación matrimonial.

Segundo: La intimidad sexual sirve como termómetro de la relación matrimonial. Si bien hay diferentes momentos biológicos, temperamentos y etapas dentro de cada matrimonio, la Escritura es clara en que los esposos deben tener una relación sexual frecuente y de disfrute el uno con el otro (1 Corintios 7:3-5). Si nos encontramos por largos períodos donde no queremos tener cercanía física con nuestro cónyuge, nuestro matrimonio está fallando de alguna manera.

Tercero: La intimidad sexual depende de mucho más de lo que ocurre durante el acto sexual. Así como nos sirve de termómetro, para medir la temperatura, la intimidad sexual también sirve de barómetro, para medir la presión atmosférica. Es decir, que la presión de afuera va a influenciar significativamente lo que ocurre antes de llegar al momento del coito. Es por eso que, con frecuencia, lo que debemos trabajar para crecer en intimidad sexual es justamente la primera parte de esta frase: nuestra intimidad. ¿Cómo está nuestra comunicación? ¿Estamos guardándonos secretos? ¿Estamos siendo sinceros el uno con el otro? ¿Hemos compartido nuestras luchas? ¿Nuestras vergüenzas? ¿Nuestros temores?

Cuarto: La intimidad sexual placentera va a depender del autosacrificio de cada uno. En 1 Corintios 7:4 se enseña que el marido tiene su cuerpo para su mujer, y la mujer para su marido. Durante el acto sexual, no muy diferente a como debiera ser durante toda la vida, el propósito de cada uno es servir al otro. Debemos estar buscando los intereses y la satisfacción más que de nosotros, del cónyuge. Una relación donde cada uno esté buscando el beneficio del otro es una relación conforme al diseño de Dios.

Quinto: Dios bendice la intimidad sexual pura. Como nuestro Creador, Dios diseñó nuestro cuerpo y nuestro matrimonio para el mayor deleite y satisfacción. Él sabe cómo deben ser las cosas, y Él diseñó el lecho matrimonial para un hombre y una mujer en el matrimonio. Así dice Hebreos 13:4: «Sea el matrimonio honroso en todos, y el lecho matrimonial sin deshonra, porque a los inmorales y a los adúlteros los juzgará Dios». Por tanto, ni en nuestras alcobas ni en nuestra mente debe ni siquiera nombrarse otras personas o imágenes de otras personas. Si bien esto pareciera ser cada vez más difícil en medio de una sociedad tan saturada de pornografía, nada es imposible para el Dios que hizo posible que tú y yo podamos estar limpios y sin mancha delante de Él. Por tanto, y por Su gracia, nuestros matrimonios pueden ser matrimonios puros, para Su gloria y nuestro deleite.

¿CÓMO LIDIAR CON LA FAMILIA DE MI PAREJA?

Los problemas con la familia extendida son una de las principales causas de conflictos matrimoniales. Resulta interesante que las parejas que vienen a consejería no siempre lo identifican así, pero en la medida que conversamos ellos mismos notan que hay dinámicas familiares que necesitan cambiar si es que quieren ver su matrimonio saludable.

Como en todo, la Escritura tiene mucha sabiduría que darnos para toda la experiencia humana. Permíteme compartirte algunos principios que pueden servirte al tratar esto.

En primer lugar, es importante notar que «la familia de tu pareja» es, en verdad, tu familia. El texto fundamental del matrimonio, Génesis 2:24, enseña que «el hombre dejará a su padre y a su madre y se unirá a su mujer, y serán una sola carne». Una sola carne implica una unión espiritual, emocional, y material más profunda que ninguna otra en la creación. Así que «la familia de mi pareja» es en realidad tu familia. Sus problemas son tus problemas, sus bendiciones son tus bendiciones. No verlo así va a separar lo que Dios unió (Mateo 19:6). Tu pareja va a sentir tu rechazo a sus familiares, y va a reaccionar con rechazo hacia los tuyos.

En segundo lugar, debe quedar claro que sus familiares ahora representan su familia extendida, no su familia inmediata. Como dice el texto: «El hombre dejará a su padre y a su madre y se unirá a su mujer, y serán una sola carne». Para ser una sola carne, hay que dejar padre y madre. En un sentido muy real, «la familia de mi pareja» son tú y tus hijos (cuando los tengan). Es necesario, vital, imprescindible, *sine qua non*, el que haya una separación entre el matrimonio y los padres. Una separación espiritual, emocional y material de una vez y para siempre. De lo contrario, van a estar separándose, y la pareja lo va a sentir. Lo más común es que una de las dos familias extendidas sea más fuerte y absorbente, y termine siendo quien más atraiga a la nueva familia hacia su lado. Si no hay una separación sana, la otra familia (y la otra parte de la unidad matrimonial) puede sentirse puesta a un lado, engañada y echada a menos. Esto puede ocurrir de manera subrepticia y sin mala intención, por lo que debemos prestar ojo atento para no separar lo que Dios unió. Es importante tener una conversación sincera como matrimonio sobre el lugar de la familia extendida.

En tercer lugar, debemos honrar a esa familia extendida mientras viva. Si vienes de un pasado complejo, tal vez te sientas «aliviado» de que «por fin te casaste» y ya puedes dejar atrás a tu familia. En un sentido, es así: ya dejaste a padre y madre. Sin embargo, Efesios 6 todavía nos apunta a honrar a padre y madre, y seguimos teniendo un llamado a bendecir y ser de testimonio a aquellos que nos rodean, además de ser agradecidos y leales mientras dependa de nosotros. Siendo este el caso, es de buen testimonio el poder, mientras dependa de nosotros y sea posible y saludable, mantener una relación con la familia extendida que pueda bendecir a ambas partes y en eso también procurar vivir en paz con todos los hombres. Sabemos que en un mundo caído no siempre es posible, pero podemos orar y buscar en el Señor hacer nuestro mejor esfuerzo.

¿ES NECESARIA UNA BODA POR LA IGLESIA O BASTA CON LA BODA CIVIL?

El matrimonio no es un mandato específico para los cristianos, sino para todo ser humano. Ahora bien, Dios sí tiene especificaciones diferentes para los cristianos. Mientras alguien que no conoce a Jesús puede casarse con quien quiera, la Biblia manda específicamente a un cristiano a solo casarse con otro cristiano (1 Corintios 7:39). De no hacerlo, entraría en lo que es llamado *yugo desigual*, algo que trae consecuencias pesadas sobre su vida (2 Corintios 6:14-18). A esto le podemos agregar el profundo peso que tiene la Escritura al tema del divorcio, que la Escritura muestra como algo que Dios aborrece y que solo es permitido en condiciones muy específicas (por ej. Malaquías 2:16, Mateo 5:31-23; 1 Corintios 7:10-13).

El considerar estas cosas deja ver que un cristiano va a querer buscar el consejo de sus pastores y su comunidad de la fe en una decisión tan importante como su matrimonio. Esto no es algo que se puede tomar a la ligera. Más bien, debe haber un proceso donde tu pastor o consejeros, con Biblia en mano y sabiduría divina, te acompañen a pensar y meditar en una de las decisiones más importantes que pudieras tomar. Lo natural es que este proceso concluya con una ceremonia delante de la congregación que ha caminado con ustedes en esta circunstancia, incluyendo al pastor y los consejeros, junto con otros que puedan dar testimonio del amor y la relación que tienen como pareja, y que puedan acompañarlos luego en el camino y el andar del matrimonio.

Dicho esto, como ya mencioné, el matrimonio no es exclusivo de los creyentes. Una boda civil es, de hecho, una boda perfecta y completamente válida, puesto que al fin y al cabo el matrimonio no es hecho por un pastor, y ni siquiera por un juez, sino que es una unión divina que es reconocida por una autoridad civil. En algunos países, los pastores pueden fungir como autoridades civiles que reconocen esa unión, en otros no. En todo caso, según Marcos 10:9, es Dios quien une el vínculo matrimonial. Esa es Su prerrogativa. Nosotros declaramos lo que Dios hace.

Lo que la Biblia asume es que es un reconocimiento público de que la boda ocurre. Esa boda puede ser en diversos lugares, desde el edificio de una iglesia hasta una hermosa playa. Lo importante es que sea una ceremonia donde el novio y la novia hacen los votos de estar juntos en salud y enfermedad, hasta que la muerte lo separe, delante de testigos que los ayudarán a cumplir esos votos, bajo sabio consejo, en la presencia de Dios, para Su gloria y nuestro bien.

¿CÓMO SÉ SI ME CASÉ CON LA PERSONA CORRECTA?

Hasta ahora, cada vez que alguien me ha hecho esta pregunta, se me acerca pensando que es la primera persona que se ha atrevido a siquiera pensar algo así. Si te has hecho esta pregunta, si la has pensado, o la estás pensando, no eres el único, ni el primero, ni el último. No sé exactamente la razón por la que nos preguntamos esto, pero sospecho que tiene que ver con lo que hablábamos en el capítulo 1 y 2, de que siempre queremos algo más, y de nuestro instinto de autopreservación que ha sido desviado por el pecado. Tan pronto nuestra pareja hace algo que no es lo que queríamos, o vemos cosas que no habíamos visto antes de casarnos (¡y eso siempre va a pasar!), hay un par de alarmas que se encienden en nosotros con el sonido de «¡Alerta roja! Alerta roja!». Además, nuestra cultura presenta el divorcio como una opción no solo válida, sino deseable.

Pero el punto se mantiene: ¿cómo sé si me casé con la persona correcta? La respuesta, entonces, debemos encontrarla dentro del carácter de Dios.

Verás, el Señor Jesús ha revelado que Dios es completamente soberano aun sobre la venta de unos pajaritos por una moneda (Mateo 10:29), y en Efesios 1:11 leemos que Dios obra todas las cosas «conforme al consejo de Su voluntad». Si bien la Escritura (y nuestra propia experiencia) nos muestra que todos somos responsables de nuestras acciones, nada de lo que acontece a nuestro alrededor escapa a los propósitos de Dios, conforme a Su voluntad. Dios obra en y a través de los corazones y las acciones de los hombres de tal forma, que nosotros hacemos lo que queremos hacer y cumplimos lo que Él quiere cumplir.

La razón por la que tenemos que ir al carácter de Dios es porque Dios no es solo soberano. Dios es bueno, y bueno en gran manera (Salmos 100:5). Su gloria se muestra en Su bondad, en amor leal y misericordia (Éxodo 34:4-7), puesto que Él es amor (1 Juan 4:8). Cuando Él vio a Adán solo, no se quedó con brazos cruzados: Él le dio a Eva (Génesis 2:18-24). Proverbios apunta a que Dios sigue interesado en proveer parejas a Sus hijos (18:22; 19:14). A eso también apunta 1 Corintios 7:7. Dios es quien sigue uniendo a los hombres y mujeres en matrimonio, de una manera u otra.

Cuando nos preguntamos si «nos equivocamos» al casarnos con nuestro cónyuge, sin darnos cuenta podemos estar pensando que Dios se equivocó en darnos a quien nos dio. Pero Dios no se equivoca. Si a Dios le interesa la venta de dos pajaritos, con más razón le interesa la unión de dos de Sus hijos creados a Su imagen.

Él sabe exactamente a quién nos dio como pareja, por qué y para qué nos lo dio, y cómo podremos darle gloria a Él y ser bendecidos aquí abajo. La persona con quien estamos casados *es* la persona correcta, porque es quien Dios nos dio. Tal vez, el mejor enfoque es nosotros pedirle a Dios que nos ayude a ser la persona correcta ahora que estamos casados, y que podamos juntos descansar en Su soberanía y Su buen corazón en los días difíciles que todo matrimonio puede atravesar.

¿No se venden dos pajarillos por una monedita? Y sin embargo, ni uno de ellos caerá a tierra sin permitirlo el Padre. Y hasta los cabellos de la cabeza de ustedes están todos contados. Así que no teman; ustedes valen más que muchos pajarillos. Mateo 10:29-31